SHEHUI
BAOZHANG

Shiye Gaozhiliang Fazhan Yanjiu

社会保障事业
高质量发展研究

总编　张　南　辛朝惠　严方才
主编　秦立建　廖　勇

中国财经出版传媒集团

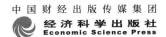

经济科学出版社
Economic Science Press

图书在版编目（CIP）数据

社会保障事业高质量发展研究/秦立建，廖勇主编
. －－北京：经济科学出版社，2023. 1
ISBN 978 － 7 － 5218 － 4475 － 7

Ⅰ. ①社…　Ⅱ. ①秦…②廖…　Ⅲ. ①社会保障－研
究－安徽　Ⅳ. ①D632. 1

中国国家版本馆 CIP 数据核字（2023）第 014269 号

责任编辑：李　雪
责任校对：齐　杰
责任印制：邱　天

社会保障事业高质量发展研究

总　编　张　南　辛朝惠　严方才
主　编　秦立建　廖　勇

经济科学出版社出版、发行　新华书店经销
社址：北京市海淀区阜成路甲 28 号　邮编：100142
总编部电话：010 － 88191217　发行部电话：010 － 88191522
网址：www. esp. com. cn
电子邮箱：esp@ esp. com. cn
天猫网店：经济科学出版社旗舰店
网址：http：//jjkxcbs. tmall. com
固安华明印业有限公司印装
710 × 1000　16 开　17. 75 印张　190000 字
2023 年 2 月第 1 版　2023 年 2 月第 1 次印刷
ISBN 978 － 7 － 5218 － 4475 － 7　定价：88. 00 元
（图书出现印装问题，本社负责调换。电话：010 － 88191510）
（版权所有　侵权必究　打击盗版　举报热线：010 － 88191661
QQ：2242791300　营销中心电话：010 － 88191537
电子邮箱：dbts@ esp. com. cn）

贺　信

　　欣闻安徽省社会保障研究会30周年纪念会暨学术研讨会在合肥隆重召开，我曾担任省社会保障研究会的名誉会长，一直关心研究会的发展，在此表示热烈祝贺！

　　在1992年邓小平南方谈话春风吹拂中诞生的安徽省社会保障研究会，凝聚团结了一大批专家学者，紧紧围绕安徽省经济社会发展大局，积极发挥政策咨询作用，深入开展具有中国特色、安徽特点的社会保障问题研究，推出了一批质量较高、有一定影响的课题成果，得到了国家有关部委和省委省政府的重视肯定，为安徽省社会保障体系建设做出了显著贡献！

　　党的十八大以来，中国特色社会主义进入新时代，社会保障事业要进一步织密社会保障安全网，持续提升社会保障质量。这方面的政策咨询研究十分重要、大有可为！希望研究会认真学习贯彻习近平新时代中国特色社会主义思想，不断推出高质量的研究成果，为促进安徽高质量发展、社会更加公平、全体人民共同富裕做出更大贡献。

　　预祝大会圆满成功！

吴昌期

二〇二二年八月十八日

　　吴昌期　安徽省人大常委会原党组副书记、副主任、安徽省社会保障研究会原名誉会长。

中国区域经济学会
Chinese Association for Regional Economics

贺信

安徽省社会保障研究会：

在贵会成立三十周年之际，谨向贵会致以热烈的祝贺！向贵会全体会员致以崇高的敬意和美好的祝愿！

三十年来，贵会锐意进取、开拓创新，在社会保障的基础理论与应用研究、学术研讨与交流等方面取得了丰硕的学术成果，同时也为安徽省社会保障事业发展提供了智力支持。

在此，祝愿贵会勇攀学术新高峰，在新阶段现代化美好安徽建设中做出新的贡献。

中国区域经济学会
2022 年 8 月 8 日

地址：北京市西城区阜外月坛北小街2号工经所　　电话：010-68057169 68026696　　传真：010-68032679
官网：www.quyujingji.org　　邮箱：chinaregion@163.com　　邮编：100836

海南省社会保障研究会

贺　辞

安徽省社会保障研究会：

　　社会保障是民生大事、国家大事，也是与老百姓息息相关的身边事。党的十八大以来，在以习近平同志为核心的党中央坚强领导下，我国社会保障事业发展取得了历史性成就，成功建设了具有鲜明中国特色，世界上规模最大、功能完备的社会保障体系，用几十年时间走过了许多西方国家一百多年走过的历程，为广大人民提供了更可靠、更充分的保障，人民群众的获得感、幸福感、安全感不断增强。

　　社会保障制度的健康发展，离不开党中央的领导部署，离不开各级部门的政策执行，更离不开全社会尤其是社保学术机构的集思广益、建言献策。安徽省社会保障研究会是我国成立最早的研究社会保障制度的社会组织之一。30年来，贵会紧密联系安徽的实际，服务大局、锐意进取、积极创新，围绕社会保障发展中的问题，开展了多层面、多角度的课题研究和学术研讨活动，取得了一系列成果，为构建和谐社会、建立健全社会保障体系做出了积极的贡献。我会愿与贵会一道，加强联系，真诚交流，相互支持，共同为促进社会保障事业的健康可持续发展做出新的贡献！

　　在党的二十大召开之年、贯彻落实习近平总书记关于社会保障体系建设系列重要论述的全面推进之际，热烈祝贺安徽省社会保障研究会成立30周年。

海南省社会保障研究会

2022 年 8 月 4 日

序　言

　　党的十八大以来的十年，中国进入了具有里程碑意义的伟大变革新时代，社会保障事业取得了历史性成就，建成了世界上规模最大的社会保障体系，为人民创造美好生活奠定了坚实基础。

　　新时代的十年，也是安徽省社会保障研究会成立以来的第三个十年。在这十年里，研究会坚持以习近平新时代中国特色社会主义思想为指导，团结带领各会员单位和广大会员，立足新发展阶段，贯彻新发展理念，围绕安徽省经济社会发展大局，紧扣社会保障体系建设中的热点难点问题，深入开展以理论探究与政策咨询相结合为特点的课题研究，为省委省政府及有关部门的决策提供了较有价值的参考，多项成果荣获国家奖、政府奖、部门奖，为推动和完善安徽省社会保障事业做出了重要贡献，研究队伍也在富有成效的学术活动中不断发展壮大。

　　梳理这十年主要的研究成果，大致可分为三个系列：

一、老龄化与养老服务研究系列

　　2013 年以来，研究会贯彻党的十八大及历届全会精神，结合安徽老龄化、高龄化和空巢化快速发展的省情，先后组织开展了安徽省社区居家养老服务对策研究、养老服务业扶持政策研究、市场化方式发展养老服务业研究，这些成果分别获得国家老龄委调研一等奖及安徽省社会科学界联合会"学界兴皖"二等奖，研究报告所提出的政策建议，省政府领导批示要求有关部门"积极采纳运用"。

由研究会组织、何小雨同志担纲的安徽省"互联网＋智慧"养老模式研究，积极探索智慧养老新模式，着力丰富"老有所养"的内涵与路径，相应的 3 篇研究成果发布后，也引起了社会对"互联网＋智慧"养老模式较广泛的关注。

2018 年，研究会牵头对安徽省健康小镇及康养产业创新发展进行专题研究，在多地调研基础上，借鉴国内外经验，提出了完善健康小镇康养产业政策支撑体系的对策建议，形成了《健康小镇康养产业创新发展研究报告》，其中的政策建议，不仅得到省领导及有关部门的重视，且为省人大的健康小镇康养产业创新发展建议案所采纳，现正由有关部门办理落实中。

二、困难群体权益保障和社会救助系列

完善对农村特困群体的社会救助，不断提高残疾人社会保障水平，是实现全面建成小康社会的重要内容。2013 年起，研究会牵头开展了安徽省农村特困群体社会救助问题研究、建立健全安徽省基层残疾人权益保障制度对策研究，

研究报告所提多条政策建议被省委省政府有关文件吸纳，为进一步解决农村特困群体救助问题、促进基层残疾人精准扶贫工作做出了切实的贡献。

就业是民生之本，也是残疾人改善生活状况，实现自强自立、体现人生价值的主要途径。加强以就业为导向的残疾人职业培训，提高残疾人的职业技能，是解决残疾人就业结构性矛盾的根本途径和方法。研究会先后组织开展了安徽省残疾人职业教育与就业专题研究、安徽省农村残疾人以及安徽省残疾人就业现状与对策研究，提出了政府主导，社会广泛参与，适当提升职业教育层次，发挥残疾人特长等比较优势，系统开发适合残疾人的岗位，从而促进残疾人多形式就业等具有一定前沿性和可操作性的对策建议。有关研究成果得到了中国残联及省残联的肯定和表彰。

三、护理保险和年金制度系列

随着中国人口老龄化和高龄化趋势的发展，高龄失能老人的长期护理已成为不可回避的社会问题。多地政府着手建立失能老年人的护理补贴制度。2015 年，党的十八届五中全会决定探索建立长期护理保险制度，随后国家人社部部署开展了长期护理保险制度试点。研究会组织课题组，就安徽省如何建立失能老年人护理补贴制度进行专题调研，并从调研国家人社部的安庆长期护理保险制度试点入手，对安徽省如何建立长期护理保险制度的若干问题进行了研究。课题组认为，当前各级政府的护理补贴措施，对提升失能老年人的护理水平和生活质量发挥了重要作用，建议从省级层面制定基本制度，规定基础补贴标准，各市县政府结合当地实际具体细化；从长远看，应积极推进护理保险纳入强制性社会保险范围，形成基础制度保障，减轻人口老龄化对社会发展和财政支出带来的负担。课题组的若干建议为国家有关部委所吸纳。

过去的十年，研究会第四届、第五届理事会依次换届，2022年召开的会员代表大会选举产生了第六届理事会。在党的二十大全面建成社会主义现代化强国宏伟目标和总体战略的指引下，第六届理事会正围绕健全多层次社会保障体系的目标任务，精心筹划推动安徽省社会保障事业高质量发展研究的新开局、新起步。在近期召开的研究会成立三十周年纪念暨学术讨论会上，大家一致认为：研究会成立二十周年之际，曾以"现代化进程中的社会保障研究"为题，汇编二十年主要成果出版；而今踔厉奋发又十年，成果粲然可观，为继往开来，应再续新编。其后，研究会刘海峰、丁胡送、周湘艳诸同志，协力汇集文稿，精心选编校核，终于成就此书稿，计三系列十四篇。理事会嘱我就课题由来及成果特色略为梳理陈说，以求诸方家指正、便利读者批阅。遂遵命赘述几句，是为序。

张　南

2022 年 11 月 12 日于合肥

目　录

老龄化与新时代养老服务

安徽省社区居家养老
服务对策研究

　　中国已进入老龄化社会，安徽省则是全国较早进入老龄化社会的省份之一，人口老龄化系数居全国第 10 位，中部第 1 位。目前，安徽省 60 岁及以上人口 1088.4 万人，占安徽省户籍人口比例 15.8%，其中，65 岁及以上人口占总人口比例 9.8%。随着人口老龄化趋势不断增强和传统家庭养老服务功能的相对弱化，老年人特别是高龄老人对社会提供多方面服务的需求不断增加，社区居家养老服务正逐步成为现代养老方式的必然选择之一。

　　社区居家养老服务是顺应老龄化社会需求的一种新型养老服务模式，是以政府为主导、以社区为载体、企业和社会组织多方参与、市场调节规范有力的一种养老方式，可为居家老年人提供生活照料、家政服务、康复护理和精神慰藉等全方位服务。社区居家养老服务已受到社会各界的广泛关注，在一些省市也得到有效推动和成功实践。为推进安徽省社区居家养老服务，促进社会化养老服务工作的创新发展，省政府发展研究中心联合省社会保障研究会、省老龄办组成课题组，在合肥、六安、蚌埠、铜陵、淮北等市以及江苏、河北等省开展调研。

一、推进社区居家养老服务的现实意义

2013 年，国务院印发了《关于加快发展养老服务业的若干意见》提出"到 2020 年，全面建成以居家为基础、社区为依托、机构为支撑的，功能完善、规模适度、覆盖城乡的养老服务体系"的建设目标，社区居家养老被提升到前所未有的高度。下面从两个方面予以分析。

（一）在养老服务供给上具有独特优势

从实践操作层面上看，根据供给主体的不同，养老服务的供给一般有四种基本方式：一是政府直接供给；二是市场营利性供给；三是公民社会组织的公益性供给；四是老年人自主组织和自主供给。政府直接供给不仅意味着财政压力巨大，同时也意味着社会服务繁重；市场营利性供给难以解决低收入老年人尤其是独生子女父母的养老保障问题；公民社会组织的公益性供给需要成熟的组织形态和持续的资金来源；而老年人自主供给显然缺乏足够的经济能力、行为能力和组织协调能力。因此，政府、市场与公民社会组织的合作供给成为一种更为务实的选择，而社区居家养老服务则较好地顺应和体现了这一要求，它既不同于纯粹的政府机构养老，也不同于传统的家庭养老，而是整合政府、社区、社会组织或企业养老资源，以家庭为服务对象单元，以社区为服务依托，以专业化服务为手段，为居住在家的老年人提供所需服务的社会化现代养老服务。这种养老方式有利于充分挖掘和调动政府、社区、市场、家庭及老年人自身等养老主体的养老资源，保障养老服务供给及时、充足。

（二）在养老服务效果上具有综合效益

一是易于为老年人所接受。由于传统观念和客观条件限制，很多老年人主观上不愿离开居所和自己所熟悉的生活空间而去入住各类养老服务机构。社区居家养老服务则能够使老年人在住所和熟悉的生活环境里就得到政府、社区、市场、邻里等各方面资源相配套的社会化服务，实现在享受自己的安全感、亲情感和归属感中颐养天年、有乐有为，因此最易为老年人所认可。二是服务便捷灵活。社区居家养老服务汲取了传统家庭养老、政府机构养老和市场化养老的优势，具有成本低、覆盖广、服务方式灵活等诸多特点。这项服务本身属于政府、社区公共管理与服务的重要内容，调动资源对辖区内老人开展服务较为简易方便。同时，老年人日常在居所和社区生活，也便于家人和邻里照料。三是服务内容丰富多样。目前，一些地方的社区居家养老服务包括衣食住行、医疗保健、学习教育、健身娱乐、情感慰藉、法律咨询、生活援助、参与社会管理等内容，可为广大老年人提供全方位的服务。

总之，社区居家养老是能够惠及多数老年人的新型养老模式，既可以整合社会养老资源、有效缓解政府养老支出压力，也可以减轻家庭养老负担、增强家庭亲情纽带、促进家庭和谐、社区和谐和代际和谐。社区居家养老将成为社会化养老的主流趋势，应积极倡导和切实推进。

二、制约安徽省社区居家养老服务的主要因素

安徽省社区居家养老服务起步较晚，但也取得了一定成效。铜陵、马鞍山、合肥、六安等市先后启动了社区居家养老服务试点，相继建立了老年人养老服务信息平台，政府通过不同方式为信息化服务平台建设解决了用房等问题，并为一部分需要政府购买服务的老年人安排落实了购买服务专项资金，出台了社区居家养老服务相关扶持政策。铜陵县还本着统筹城乡发展的理念，为城乡 70 周岁以上，生活不能自理的独居或"空巢"、低保老人统一提供居家养老服

务，在安徽省率先实现了居家养老服务城乡一体化，促进了公共服务均等化。

总体上看，安徽省社区居家养老服务工作还处在起步阶段，处于较低发展层次，无论是政策层面还是实践层面，都存在一些矛盾、困难和问题，突出表现在以下方面。

（一）统筹规划和政策支持力度不足

一是缺乏专门的鼓励扶持政策。目前，安徽省尚未出台鼓励扶持社区居家养老服务的专门政策，特别是非营利组织介入养老服务的引导、扶持政策。一些省市在这方面走在了前面，如江苏省政府出台了《关于加快构建社区养老服务体系的实施意见》，该省民政、老龄、财政部门还联合制定了《2012—2015 年社区居家养老服务中心（站）建设实施方案》《江苏省社区居家养老服务中心（站）省级"以奖代补"专项资金补贴办法》等政策，使社区居家养老服务有章可循，有政策支持。二是相关服务主体间关系尚未理顺。其中最关键的是，社区在居家养老服务中的职责不够明晰。安徽省社区一般都没有专职老年工作者，且人手短缺，资金紧张，难以适应老年人这一特殊群体对养老服务的多方面需求。因此，在社区居家养老服务中，社区更多地应承担各级政府、居家老人和企业、社会组织间的中介功能，发挥宣传指导和沟通协调作用，同时对企业、社会组织提供的居家养老从内容、程序、质量上进行监督和考评，而不是被委托过多任务，做一些做不好也做不了的事情。三是对安徽省居家养老事业发展缺乏顶层设计。目前，安徽省以及各市都没有专门社区居家养老发展规划，各市、县的社区养老服务基本处于标准不一、各自为战的阶段。

（二）硬件设施较为简陋

目前，安徽省已有的社区居家养老服务主要由民政局、老龄办牵头，由街道和社区管理。而社区的文化教育、生活照料、医疗卫生、家政服务、体育健身等养老服务资源分属不同部门，管理头绪众多，各部门间缺少有效协调整合，难以形成合力。另外，政府也未能将社区范围内企业、学校、机关的人才、场地、设施等资源有效地整合。这不仅导致大量服务资源浪费，也直接导致社区居家养老硬件设施简陋，很难有效满足养老服务需求。在调研中发现，场地问题几乎是每个社区反映的仅次于资金的突出问题。特别是一些市、县的老城区由于缺乏规划与预留，土地资源紧张，加之资金缺乏，导致无法增加和完善社区老年人室内外活动场所和设施，不能满足居家养老服务工作之需。合肥市各社区虽然基本建有居家养老服务站，但大多也是场地狭小、房屋旧陋，且"一室"多用，其养老服务功能受到较大局限，难以满足老年人需求。在一些市、县的新城区，有些社区居家养老服务中心（站）环境好、设备新、配套齐全，但由于社区内居住的多半是年轻人，投资使用率不高，容易造成资源浪费。当然，也有很多新建社区不愿意配套居家养老服务设施。

（三）资金投入相对单一

近年来，省、市财政在社区居家养老服务中心（站）建设上都给予了一定的资金支持，但是主要用于各级居家养老服务中心（站）的建设补贴，在如何保证常态运转上还未建立经费保障机制。政府为高龄、特困、低保等老人每月提供购买居家养老服务的资金，解决了一部分老人的困难，但却无法满足社区居家养老服务日益增多的需求，致使其处于资金短缺的困境。合肥市为破解这一难题，先后将居家养老服务建设补贴政策纳入《合肥市承接产业转移促进服务业发展若干政策》和《合肥市人民政府办公厅关于加快推进养老服务体系建设的意见》中，明确提出对于 20（10）张以上床位的居家养老服务中心（站），经验收后，给予 10（5）万元的一次性补助，从第二年起，每张床位每年给予 1200 元的运营补助。这种做法虽然具有一定支持力度，但作用有限，社区居家养老服务资金仍显捉襟见肘。形成这一困境的主要原因是鼓励扶持政策不够有力，社区居家养老服务又属于微利和高风险行业，难以吸引充足的社会资本融入，导致筹资渠道相对单一。过分依赖政府投入的资金筹集模式不仅严重制约居家养老服务的内容拓展和质量提升，也给政府支出带来压力，影响居家养老服务的可持续发展。

（四） 服务队伍专业化程度不高

很多社区居家养老服务中心没有专职管理人员，更没有专业管理人员，管理人员基本上由社区居委主任或书记兼任，社区管理人员要承担大量上级政府下派的任务以及社区日常的管理工作，难以保证有足够的时间和精力去加强老年群体的服务管理。社区居家养老服务人员主要为下岗失业人员或是外来就业的一般受聘人员，专业技能较差，没有接受过相关的专业教育或有关老年服务知识的培训，不具备养老服务护理员的专业资质和执业资格。一些经过专业系统训练的老年社会工作者和老年护理人员，不愿进入居家养老服务领域。这直接导致服务项目与服务内容比较单一，只能为老年人提供送货上门、配餐、理发、洗衣、做饭等日常生活料理服务，医疗护理、心理咨询、临终关怀等专业化服务难以展开。同时，目前的志愿者群体主要由学生、党员、社区成员、低龄健康老人等组成，队伍很不稳定，其中，学生和党员群体不固定，社区成员的志愿参与度更低，服务缺乏经常化和制度化，在很大程度上影响了服务项目、服务内容的扩展和服务质量的提高。

（五） 社会认同度仍然偏低

调研发现，许多社区居民甚至不少老年人的家庭养老思想根深蒂固，对居家养老服务这个概念比较模糊，对这一新型养老模式还有待进一步了解和认同。合肥市瑶海区一些社区同志反映，一些老人对于政府出资购买提供的居家养老服务不感兴趣，宁可不要服务而希望政府直接把现金发放到手上。一些政府和社区工作人员认识也不够到位，认为社区里许多老年人家中有子女，为居家老年人提供日间照料等服务是他们子女们应尽的义务，对居家养老服务的必要性、优越性认识不足，对其服务方式、内容、程序也缺乏全面的理解，对如何组织、管理好社会化、市场化的居家养老服务也缺乏应有技能。另外，安徽省社区居家养老服务的示范社区和品牌项目较少，没有形成影响广泛、感染强烈的社区居家养老服务的试点示范的带动效应。

三、加快推进安徽省社区居家养老服务的对策建议

加快推进社区居家养老服务是构建安徽省社会化养老服务体系的关键之举，针对制约安徽省社区居家养老服务中存在的问题，提出如下对策建议。

（一）着力提升社会认知度

以提升社区居家养老的认知度和影响力为重点，加强宣传辅导。一是面向社区群众大力开展社区居家养老政策法规的宣传普及活动。通过发放宣传单、主题讲座、橱窗展览、文艺演出、电视电台公益广告、知名媒体人士参与公益活动等方式，宣讲《老年人权益保障法》《养老机构设立许可办法》《养老机构管理办法》等政策法规，宣传国家和安徽省关于社区居家养老服务等新政策、新条款。当前，要重点宣传和贯彻好国务院《关于加快发展养老服务业的若干意见》。二是引导老年人及其家庭了解、参与社区居家养老服务。如社区可以通过正常的海报宣传或将居家养老服务的详细情况制成小折页，分发给社区中有老年人的家庭，引导老年人深化对社区居家养老服务性质和内容的认识。依托社区活动、宣传窗口、基层干部"上门服务"等渠道，向老年人宣传居家养老服务的优点，介绍服务项目、收费标准及收费原因，促进老年人形成社区居家养老的观念。通过老年人"现身说法"，宣传社区居家养老服务为他们带来生活上的便捷，影响更多的老年人信任居家养老服务、参与居家养老服务。要针对老年人子女加强宣传，强化他们赡养老人的责任感，促使他们积极支持社区居家养老这一新的养老服务方式。

（二）纳入经济社会发展规划和民生工程

借鉴其他省份做法，建议安徽省把社区居家养老服务发展纳入重要议事日程，列为老龄事业发展规划和养老服务体系的重要内容。进一步建立健全社区居家养老服务体系建设的领导管理体制和运行机制，形成政府主导、民政部门主管、老龄工作机构协调、相关部门各司其职、社会广泛参与的工作格局。安徽省各地要将养老服务体系建设纳入本地区经济社会发展总体规划和年度计划，纳入政府目标管理和绩效考核，纳入政府年度重点工作和为民办实事项目，加大推进力度，确保取得实效。严格标准、统筹规划社区服务设施建设。要按照国务院《关于加快发展养老服务业的若干意见》要求，统筹规划发展城市养老服务设施。各地在制定城市总体规划、控制性详细规划时，必须按照人均用地不少于0.1平方米的标准，分区分级规划设置养老服务设施。凡新建城区和新建居住（小）区，要按标准要求配套建设养老服务设施，并与住宅同步规划、同步建设、同步验收、同步交付使用；凡老城区和已建成居住（小）区无养老服务设施或现有设施没有达到规划和建设指标要求的，要限期通过购置、置换、租赁等方式开辟养老服务设施，不得挪作他用。鉴于民生工程是政府推进社会事业发展、为民办事改善民生的强有力的平台和手段，推广合肥等市做法，将社区居家养老服务整体地或部分（主要项目）地纳入民生工程。

（三）积极扶持市场和社会组织唱主角

要合理规划、大力支持围绕社区居家养老服务的产业发展。社区居家养老服务，做大在市场，发展看市场，建议安徽省深入探索社区居家养老服务的社会化、市场化之路。在建立准入机制和服务标准的前提下，以"政府购买服务""合同外包""委托"等形式，将社区居家养老服务交给社会中介组织和非营利机构去办，交给市场和企业去办，逐步推进社会效益与经济效益的双赢，最大限度地实现"公共服务—老年人需求—产业发展"的多层次供需对接，实现社区居家养老服务产业的良性循环。大力培育、积极扶持社会组织、民办养老服务机构的发展，充分发挥社会组织和民办养老机构的作用，实现政府、社区与企业、社会的合理分工，提升社区居家养老服务专业化水平。

（四）多渠道增加资金投入并加强管理

一是增强财政资金保障力度。财政性拨款与财政性补助是社区养老服务的主要资金来源，应在现有投入基数上适当增加一定比例，以不低于国民收入增长的比率逐年增长，并将试行中的为困难老年人购买服务的措施，发展成一种制度性安排，并纳入社会保障体系之中。河北省石家庄市规定居家养老服务中心的设施购置经费由各县（市、区）承担，市级资金对市区按要求建成的居家养老服务中心每所给予 1 万元一次性建设资助，对建成的街道（乡镇）示范性居家养老服务中心每所给予 3 万元一次性建设资助，这种做法值得借鉴。二是扩大社区居家养老的专项基金来源。社区居家养老的专项基金专门用于支付社区居家养老服务费用，该基金可以通过设立养老券等制度对老年人养老给予一定的帮扶，减轻老年人的经济负担。继续加大利用福利彩票公益金支持力度。如深圳市福利彩票公益金评审委员会从福彩公益金中拿出一定资金用于培育和发展社区民间组织，并承担社区居家养老服务补助资金，安徽省也可以借鉴实行。充分利用社区企业税后利润，根据民政部 2005 年发布的《全国社区服务示范城区标准》，安徽省示范城区居委会所办经济实体的年产值的 2% 以上要用于发展社区服务业，同时，区、街道、居委会所属社区服务单位年产值的 6% 以上要投入自身社区服务业和再发展，逐步加大该部分资金对社区居家养老服务的投入。三是鼓励社会投资社区居家养老服务。支持各种服务性企业和个人按照市场规律参与社区居家养老工作，吸纳各种社会力量、投资主体将资金投向社区居家养老事业。鼓励社会团体、企事业单位和个人向社区养老服务机构捐资、捐物或提供无偿服务，对于养老公益性捐赠，政府可准予其在缴纳企业所得税和个人所得税前全额扣除。社区居家养老服务机构既要体现政府购买服务功能，又要拓展服务项目的选择空间，提供不同档次的有偿、低偿服务，在满足了社区不同层次老年人的服务需求的同时，有利于吸引更多社会资金投入到社区居家养老服务，实现社区居家养老投资的"多元化"。四是完善社区居家养老服务资金管理。明确社区居家养老中各项服务的收费标准，严格按照规定收取相应的费用，并按照有关规定开展审计工作。增强社区居家养老服务资金支出的透明度，坚持"阳光操作"，做到公平、公开、公正，广泛接受群众监督。加大政府对社区居家养老资金专项监督的力度，明确社区居家养老资金监管的重点内容，组织开展对预算编制、执行情况的专项检查，提高资金使用效率，实现养老服务各项资源配置的最优化和收益的最大化。

（五）完善运行机制和管理体制

加快建立管理规范、服务专业、运行高效的管理体制和运行机制。一是完善三级管理网络建设。借鉴省外和安徽省合肥、铜陵、六安等地经验，加强三级管理网络建设，逐步形成县（市、区）社区居家养老服务指导中心—乡镇（街道）社区居家养老服务管理中心—社区建立居家养老服务中心的三级网络体系，基本实现城乡社区居家养老区域、对象、内容的全覆盖，努力为广大老年人提供高效便捷的养老服务。二是加快城乡社区居家养老服务信息平台建设。要充分利用现代信息技术和现有网络资源，积极推动社区居家养老服务平台建设。合肥市已在包河、瑶海、庐阳、蜀山四区初步建立了为老服务信息平台，在部分社区开展了基础信息（含老年人基本状况、老年社会团体、服务机构）收集工作，为开发"2460"（24 小时为 60 岁以上老人提供服务）养老服务管理系统做好了前期准备。我们认为，合肥经验值得推广。建议在安徽省加强网络和平台建设，力争在"十二五"期间，依托城乡社区综合服务管理信息平台，基本建成上下贯通、左右连接、覆盖安徽省的养老服务信息网络和管理系统，实现信息共享，业务协同。重点支持老年人居家呼叫服务系统建设，开通服务热线，为老年人提供应急等多种需求呼叫服务，实现居家、社区与机构养老服务的有效衔接，并规范行业管理，提高服务效率和管理水平。三是强化督察指导。各级老龄委要充分发挥组织协调、调查研究、检查指导职能，督促相关法规政策和工作任务的落实；老龄委相关成员单位要切实履行工作职责，形成工作合力；政府主办的养老机构要充分发挥功能作用，协助政府相关部门做好养老服务指导、评估、培训等工作。各有关部门要定期进行督促检查，对社会养老服务体系建设规划执行情况进行评估，并向社会公布。

（六）大力加强专业化人才队伍建设

一是完善社区居家养老服务人才体系建设。从当前安徽省现实和国内外经验来看，社区居家养老服务队伍主要由养老服务管理人员、专业服务保障人员、志愿者队伍三方面人员组成，应加大这三方面人才队伍建设。其中，由政府供养的养老服务管理人员主要包括街道配备的专职助老协理员和社区分管老龄工作的专职工作人员，其工作的重点是调研养老服务市场供求状况、监督评价服务的质量等，要鼓励社区大学生村官加入这一梯队，为居家养老注入新鲜血液或提供高质量的人才储备；为老年人提供各类服务的专业服务保障人员队伍包括心理辅导（慰藉）师、卫生保健师、营养健康师等，也包括社区一些低龄、健康的老人；应大力组建各类志愿者组织，形成稳定的志愿者队伍。在人才体系建设上要充分借鉴国内外成功经验，如在志愿者队伍建设方面，可以借鉴国外的"义工"制度，建立权威性管理机构，对中青年志愿者活动做出制度性安排，将服务情况纳入个人档案，作为升学、用工、晋升、评选的依据。借鉴东莞中堂"四工"联动创新社区居家养老服务的模式，将"社工＋社工助理＋护工＋义工"纳入社区居家养老服务人才体系中，体现其专业化和社会化的优势。二是加大对人才的培训力度。加紧制定社区养老服务岗位专业标准，周期性、制度性地对养老服务工作人员按不同服务工作的要求进行专业知识和技能培训。实行职业资格制度和技术等级认证制度，按培训技能考核的等级从事相应等级的服务，做到持证上岗，不断提高服务人员的专业化水平。尽早建立各项养老护理员管理规章制度，明确规定护理员的职业标准，搭建好职位提升规则，确保其工资与职业等级挂钩。加快更新养老服务人员的培训内容，与时俱进地将其与老人需求保持一致，不断提升培训的针对性、有效性和适用性，为老人提供标准化、专业化、人性化的服务。三是加大人才队伍建设的法律保障力度。充分借鉴发达国家的经验，通过法律保障社区居家养老服务队伍的建设，如日本颁布了《社会福利士及看护福利士法》《福利人才确保法》，从法律上对社区养老服务人员的培养及其应有的经济、社会地位予以保障。加快贯彻和制定相关法规，实现医学、社会学、心理学等专业技术人才面向基层社区开展居家养老服务，如规定医务人员必须具备一定年限的社区医疗服务经验方可评定一定职级，医学专业毕业生必须到基层社区实习，从而确保社区养老服务人员的数量和质量。

（七）充分发挥示范效应

加快形成服务多样、方便适用、广泛覆盖、能满足城乡社区（村社）老人不同层次需求的完善的居家养老服务体系是一个系统工程，不可能一蹴而就，必须循序渐进、稳健发展，其中一个关键的环节是谋划实施好试点工程、重点项目，充分发挥其示范效应。一是重点打造好社区居家养老服务示范区。无锡市滨湖区建成社区居家养老服务中心 96 家，平均面积达到 500 平方米以上，形成了一个覆盖城乡老年群体的以社区为依托、以老年人日间照料、生活护理、家政服务和精神慰藉等为主要内容的居家养老服务体系，示范作用日益凸显。应借鉴无锡经验，在基础条件较好的合肥、芜湖、铜陵、马鞍山等地打造社区居家养老服务示范区，引领带动安徽省居家社区养老服务。扶持建立一批示范性街道（乡镇）养老服务机构、社区老年人日间照料中心，到"十二五"末，安徽省老年人日间照料服务基本覆盖城市社区和半数以上的农村社区。二是探索具有乡村社区特色的居家养老服务模式。2008 年，农村互助养老在河北省肥乡县出现，2011 年这一做法在河北安徽省推广，山西、陕西、内蒙古、山东、湖北、辽宁等地也相继出台专门政策文件，推动了农村幸福院的发展。从实践看来，依托互助幸福院开展的互助养老模式之所以能够得到民众和政府认可并出现了良好的发展势头，其中一个很重要的原因是这种模式符合中国农村实际，它强调基于血缘的家庭、家族关系，看重基于地缘的邻居、同乡关系，形成家族聚居、邻里相伴、守望相助的文化传统。应以新农村建设和美好乡村建设为契机，把"农村互助幸福院"建设纳入民生工程，给予财力支持和政策扶持，着力打造示范村落，逐步形成以区中心敬老院为主体、乡镇敬老院为辅助、村组散养为补充，以家庭自我照料和邻里互助互济相结合的农村养老模式，走出一条农村社区居家养老的创新之路。三是着力打造示范项目。江苏等省在居家社区养老方面一个重要的成功经验是以服务项目为抓手，坚持项目推进。安徽省可从老年人助餐、日间照料等"受欢迎管用"的服务项目入手，增加服务性子项目开发，丰富项目的承载能力，不断探索"温暖空巢""心灵茶吧""校园争辉""舞动夕阳""传媒提升"等精神关爱项目，搞好试点，总结推广。

课 题 指 导：孙东海　张南

课题组组长：凌宏彬　辛朝惠　严方才

课题组成员：凌宏彬　丁胡送　段贤来

　　　　　　侯宇虹　黄佳豪

（该课题研究报告获 2013 年度全国老龄政策调研优秀成果一等奖；省政府领导为该研究报告作了批示）

安徽省落实加快发展养老
服务业扶持政策研究

    人口老龄化形势日趋严峻，加快发展养老服务业成为积极应对人口老龄化的重要措施。近年来，国家和安徽省出台了系列加快发展养老服务业的相关政策文件，有力推动了养老服务业的发展。但也要客观地看到，一些政策在落实中还存在一些困难和制约因素，政策实践效应尚未充分发挥。为进一步加大扶持政策落实力度，加快推动安徽省养老服务业发展，省社会保障研究会、省老龄办、省政府发展研究中心组成联合课题组，对安徽省加快发展养老服务业扶持政策进行梳理，深入合肥市直相关部门和杭州、宁波等地进行了调研。

一、安徽省发展养老服务业扶持政策的现状

省委、省政府一直重视老龄事业发展，着力加强养老服务体系建设，连续四年将发展养老服务体系建设列为省政府重点工作，特别是围绕加快发展养老服务业，出台实施了系列扶持政策，对加快发展安徽省养老服务业发挥了积极有效的推动作用。

（一）主要扶持政策

2011 年，省政府印发《关于加快推进养老服务体系建设的决定》，成立了以分管省长为组长的养老服务体系建设领导小组，加强统筹协调；2012 年，省政府及办公厅分别编制印发了《安徽省老龄事业发展"十二五"规划》和《安徽省社会养老服务体系建设规划（2011—2015 年)》。2014 年 7 月，为贯彻落实《国务院关于加快发展养老服务业的若干意见》，解决安徽省社会养老服务体系建设发展和养老服务业面临的诸多矛盾和突出问题，出台了《关于加快发展养老服务业的实施意见》。该文件提出了加快养老服务业发展以全面深化改革为统领，按照责任明晰化、投资多元化、对象公众化、服务多样化的原则，坚持保障基本，注重统筹发展，完善市场机制，激发社会活力，健全以居家为

基础、社区为依托、机构为支撑的养老服务体系，发展养老服务产业的总体要求；明确了履行政府职责，保障困难老年人基本养老服务需求，强化公办保障性养老机构托底保障功能，完善社区养老公共服务设施；加强养老服务市场监管等提高基本养老公共服务水平的工作任务。更为可贵的是，该文件提出了强化政策保障，大力优化养老服务业发展环境，完善财政扶持政策，完善金融扶持政策，完善土地供应政策，完善税费优惠政策，完善人才培养和就业政策的重要举措。

（二） 政策实施效应

在政策推动下，各地各有关部门积极探索实践，努力推进养老服务体系建设，安徽省养老服务业发展水平得到明显提升。一是适度普惠的老年福利制度初步建立。在逐步完善城镇"三无"和农村"五保"老人集中供养和分散供养制度的基础上，部分地区实行了高龄老人生活补贴制度；合肥、六安、铜陵、马鞍山、芜湖等市先后建成养老服务平台并启动政府购买养老服务工程，养老服务逐步由补缺型向适度普惠型转变。二是养老服务设施建设不断加强。公办养老机构和养老床位数量大幅增长，社会办养老服务机构稳步发展。截至 2013 年底，安徽省拥有养老床位数 27 万张，每千名老人拥有床位数 26.8 张，完成安徽省"十二五"目标值的 67.5%。三是社区和居家养老服务网络框架初步形成。以日间照料、家政服务、健身娱乐、康复护理、精神慰藉等为主要内容的居家养老服务广泛开展。四是养老服务队伍建设不断加强。注重从业人员职业道德教育，积极开展职业技能培训，推行职业资格认证制度，初步建立了以专业养老护理员为骨干，社工、志愿者为补充的养老服务队伍。

特别需要强调的是，2012 年农村敬老院建设连年纳入安徽省政府民生工程。《关于加快发展养老服务业的实施意见》实施后，安徽省养老服务业发展进入快车道，与此同时，国家和安徽省出台的政府购买社会服务政策等政府与社会资本合作模式得到应用和推广，进一步激发了民间资本参与养老服务业的热情。

二、存在的主要问题

安徽省社会养老服务政策体系虽然不断完善并取得一定成效，但总体上仍处于起步阶段，在政策落实方面还存在不到位的问题。

一是扶持政策有待完善。由于养老服务业的发展尚处于起步阶段，对一些问题的认识尚不清晰，造成有的扶持政策的表述也较模糊，往往多用"可""可以""应""应当"等弹性颇大的字眼，给政策的落实留下"扯皮"空间，缺乏可执行力度。另外，面对养老服务业的不断发展而出现的新任务、新要求，没有及时实现政策体系的创新，有的方面尚缺少新的可操作性较强的扶持政策。

二是政策执行监督不够到位。有的优惠扶持政策由于缺乏有效监督机制而变得在有些地方执行不到位。比如在税收方面，早在 2000 年 11 月，财政部、国家税务总局就向各省、自治区、直辖市、计划单列市财政厅（局）、国家税务局、地方税务局下发《关于对老年服务机构有关税收政策问题的通知》，"对政府部门和企事业单位、社会团体以及个人等社会力量投资兴办的福利性、非营利性的老年服务机构"，作了"暂免征收企业所得税，以及老年服务机构自用房产、土地、车船的房产税、城镇土地使用税、车船使用税"的规定。再如，在有关费用价格上，2006 年 9 月 28 日，安徽省人民政府办公厅下发的《关于加快发展养老服务业的通知》规定"养老服务机构用电按当地最低价格收费，用水、用气（天然气、煤气、液化气）按居民生活用水、用气价格收费，对养老服务机构使用电话等电信业务按现行最优惠的资费政策给予照顾"。2014 年 4 月，国土资源部就养老服务设施用地的合理界定、养老服务设施用地范围、出让方式、规范编制养老服务设施供地计划提出明确的指导意见。在不能协调动作和缺乏强有力的督促督查机制的情况下，诸多扶持政策看上去很美好，用起来往往难以落到实处。

由于安徽省在发展养老服务业的扶持政策落实方面存在不足，直接影响了安徽省社会养老服务业发展，主要表现为：

一是有关方面对人口高速老龄化背景下的养老服务产业化发展的认识不到位，对养老服务产业的内涵及其发展途径、模式认识模糊，导致整体上缺乏统筹规划和完整设计，体系建设缺乏整体性和连续性。

二是投入不足直接导致城乡社区养老服务供需矛盾突出。安徽省社会养老床位不仅缺口较大，而且各类养老服务机构现有设施简陋、功能单薄，难以提供照料护理、医疗康复、生活照应、精神慰藉等多方面服务，很难满足老年人日益增长的个性化和多元化的需求，可持续发展的养老服务产业链和业态尚未形成。

三是市场化方式发展养老服务业后劲不足。民间资本本是投入养老服务业的主要力量，但受中国传统文化和老年人消费理念、消费能力的多重影响，养老服务市场的培育与发展严重滞后，加之扶持政策没有很好落实，导致民间资本等社会力量投资养老服务业积极性不高，对养老产业的投资更多处于观望、等待状态。

四是养老服务专业人才培养、职业培训和劳动力就业、薪酬待遇等方面扶持政策实践效应较差，导致养老服务业队伍专业化水平较低，缺乏相关专业人才支撑。养老服务的诸多岗位，特别是老年人的照料、护理岗位，很多人不愿意选择就业。加之就业政策上对此类就业缺乏相应的优惠政策，养老服务业缺乏所需的大量相关专业人才。

三、对策建议

为加快推动安徽省养老服务业发展，切实解决安徽省养老服务业发展扶持政策落实方面存在的突出问题，现提出以下几点具体对策建议。

（一）建立稳定的财政投入增长机制，有效缓解传统乡村养老服务难题

强化政府的主导作用，建立与财政收入同步增长的刚性公共财政投入机制，将支持社会养老服务经费列入每年的财政预算，并在制度上予以明确规定。同时考虑对水、电、气等公用事业部门的相应补贴，以提高其落实优惠政策的积极性。参照劳动密集型中小企业自行贷款财政贴息办法，对取得银行贷款资格的养老机构提供相应的财政贴息。对"三无"老人、"五保"老人、低保老人和残疾老人提供财政补贴，向商业保险公司购买护理保险服务业务，条件成熟时可进一步将该项补贴惠及整个老年人群体，通过财政补贴逐步建立起长期护理保险体系。借鉴省内外经验，在尚未建成新型农村社区的传统乡村，着力推进村级老年协会建设，并将村级居家养老服务站交由老年协会运营管理，由

财政通过政府向其购买服务或补贴等形式，解决老年协会运转的经费困难，使其在传统乡村分散的村民居家养老服务上发挥积极作用，从而有效提升其乡村社区居家养老服务水平。

（二）创新融资评估、激励和担保机制，进一步解决养老服务融资难问题

建立健全评估体系。逐步消除营利、非营利性养老机构金融支持政策的差异化，对所有养老机构一视同仁，以公平、公正、社会效益为导向，建立公开、公平、规范的养老机构准入制度和考核评估体系。建立对金融机构的补贴激励机制。通过建立风险补偿基金、利息补贴制度、专项信用贷款基金等方式，鼓励推动金融机构对养老产业的支持，扩大金融支持养老产业的覆盖面。完善担保保险机制。根据安徽省出台的《关于进一步加强融资性担保体系建设支持小微企业发展的意见》，比照支持小微企业的做法，各级财政出资的融资性担保机构应优先为符合条件的营利性养老机构提供担保。创新养老服务业融资方式。拓展市场化融资渠道，支持养老服务企业上市融资。支持采取股份制、股份合作制等形式发展养老机构，探索政府和社会资本合作（PPP）建设养老机构模式。

（三）简化审批程序，进一步解决养老服务税费减免难问题

首先，税务、民政、财政、地税部门应积极落实《财政部、国家税务总局关于非营利组织免税资格认定管理有关问题的通知》文件精神，协同简化非营利养老机构的免税资格认定的程序和审批环节。方便非营利性养老服务机构运营营利税收征缴工作及免税资格申请。安徽省应积极实现集中认可制度，实现分级管理，集中申报免税资格，适当延长非营利养老服务机构免税优惠资格的有效期，如可定为 3~5 年。税务部门会同财政部门应在一定的工作日内，对非营利养老机构享受免税的资格进行审核确认，并将审核认定名单在网上公布。其次，对非营利性养老机构建设免征有关行政事业性收费，对营利性养老机构建设减半征收有关行政事业性收费。对养老机构免征水利建设基金，接纳残疾老年人达到一定比例的免征残疾人就业保障金。对养老机构提供养老服务适当减免行政事业性收费。第三，对经依法成立的养老服务组织和机构，按规定享受国家对中小企业、小型微利企业和家庭服务业等相应的税费优惠政策。凡安徽省登记失业人员、残疾人、退役士兵以及毕业 2 年以内的普通高校毕业生创办养老服务机构的，自其在工商部门首次注册登记之日起 3 年内免收管理类、登记类和证照类等有关行政事业性收费。

（四）探索多元化的用地方式，进一步解决养老服务用地难问题

一是各地应将养老服务用地纳入年度总体用地规划，按照人均用地不少于0.2平方米的标准，分区分级规划设置养老服务设施。二是社会资本兴办的非营利性养老机构应享有与公办养老机构相同的土地使用政策，营利性养老机构建设用地可参照成本逼近法或收益还原法进行地价评估，采取租赁或招拍挂出让方式供地。三是鼓励农村集体经济组织利用集体建设用地为内部成员兴办养老服务设施。四是鼓励盘活存量用地用于养老服务设施建设。五是允许养老服务用地利用土地使用权抵押融资。六是加大已有政策的督促落地力度。

（五）拓宽人才培养引进渠道，进一步解决养老服务人才问题

鼓励高校等机构加大培养养老服务人才的力度。鼓励支持省内高校等机构增设养老服务相关专业，重点培养老年医学、康复、护理、营养、心理和社会工作等方面的专门人才，扩大人才培养规模。提高养老服务从业人员的薪酬待遇。建议人力社保、民政部门每年定期向社会公布当地护理人员职位工资指导价位，督促指导民办养老服务机构落实

护理人员待遇。对专业技术人才和业务骨干，在工资、福利、劳保、职称等方面实现与公立医院同等待遇，以建立吸引并稳定养老服务专业人才的长效机制。探索医养结合的人才体系。建议通过医疗和养老机构间多方式开展"医、养、护"结合的养老模式，在养老机构科学设置专业技术岗位，重点培养和引进医生、护士、康复医师、康复治疗师、社会工作者等具有执业或职业资格的专业技术人员，通过提供医疗、护理、养老相结合的服务功能，合理分流大医院需要长期医疗护理的老年患者，做到老有所依、老有所养。

课题指导：张　南
课题组组长：辛朝惠　严方才
课题组成员：侯宇虹　丁胡送　黄佳豪
　　　　　　凌宏彬　常小美
（该研究报告刊《安徽省政府发展研究中心研究与咨询》2014 年 12 月 4 日第 37 期呈报省领导）

安徽省市场化方式发展养老服务业研究

　　本研究报告中的"市场化方式发展养老服务业"的主要内涵是，通过财政资金的"杠杆撬动"作用，按市场化运作的方式，支持发展居家养老、机构养老、社区养老及综合服务等多种形式的面向基层大众的养老服务产业，探索形成以市场化、商业化方式支持养老服务产业发展的体制机制和有效模式，促进养老服务产业加速、融合发展。[①] 通过市场化方式发展养老服务业，符合现代养老的现实需求、养老服务产业的发展规律和国家加快发展养老服务业的要求与部署。"安徽省市场化方式发展养老服务业研究"课题组以安徽省市场化方式发展养老服务业为研究对象，主动与安徽省及内蒙古、吉林、江西、山东、湖北、湖南、甘肃等国家市场化方式发展养老服务产业试点省份的民政、发改、财政、商务等省直相关部门进行交流磋商，赴浙江、江

　　[①] 《关于开展以市场化方式发展养老服务产业试点的通知》（财办建〔2014〕48 号）。

苏、山东等省进行实地调研，组织开展了深入省内合肥、铜陵、六安、芜湖、马鞍山、蚌埠等市县专题调研，组织安徽省立医院、合肥滨湖医院、安徽社家养老服务中心、合肥夕阳红护理院、合肥振亚晚霞情老年公寓、合肥春芽残疾人互助协会等养老医疗机构及社会组织的负责人开展专题座谈，并与国家政策性银行（驻肥机构）、省政府融资平台公司、保险公司等部门进行了座谈，着力研究安徽省以市场化方式发展养老服务业的现状、存在的主要问题及原因，认真研究梳理了目前中央财政的相关支持政策，在此基础上，经过进一步的比较分析、深化研究，揭示当前及今后一段时期安徽省市场化方式发展养老服务业面临的形势，提出加快推进安徽省以市场化方式发展养老服务业的主要目标、原则、思路及具体对策建议。

一、安徽省加快推进市场化方式发展养老服务业的重大意义

加快推进市场化方式发展养老服务业，不仅是安徽省应对老龄化社会挑战、有效满足老年人多元化养老需求的现实需求，也是经济社会发展新常态下进一步发挥养老服务业重要作用，扩大消费、促进就业、改善民生、调整产业结构的发展需求，更是维护社会稳定、和谐发展的必要条件，具有必要性和紧迫性。具体来讲，其重大意义表现为：

（一）直面安徽省老龄化社会严峻挑战的战略应对

当前，我国已经进入人口老龄化快速发展阶段，庞大的人口基数使得社会养老需求巨大，2012 年底我国 60 周岁以上老年人口已达 1.94 亿人，2020 年将达到 2.43 亿人，2025 年将突破 3 亿人。[①] 这种局面和态势既对市场化方式发展养老服务产业提出了现实要求，也给了各类企业及非政府组织介入养老服务产业提供了良好的时机和基本条件。在这一背景下，安徽省从 1998 年开始步入老龄化社会，是全国较早进入人口老龄化社会的省份之一。2013 年底，安徽省常住人口中，60 周岁以上老年人口 984.7 万人，占总人口的 16.3%；其中 65 周岁以上老年人 650 万人，占总人口的 10.8%，均高于全国平均水平。[②] 另外，依据研究，安徽省未来一段时期至少至 2030 年，老龄化发展趋势将不断加重，"安徽省的人口老龄化发展趋势可以划分为三个阶段：第一阶段，从 1998 年到 2020 年是快速老龄化阶段。第二阶段，从 2021 年到 2045 年是加速老龄化阶段。第三阶段，从 2046 年以后步入重度老龄化阶段，较全国平均水平提前 5 年进入重度老龄化阶段"。从人口抚养比来看，"安徽省 2000 年的人口年龄结构看出（见图 1），它是一个底宽

---

① 《国务院关于加快发展养老服务业的若干意见》。
② 安徽省人民政府《安徽省养老服务业发展政策落实情况的汇报》附件《安徽省养老服务业发展基本情况》（2014 年 11 月 2 日）。

顶尖正金字塔形人口年龄结构，说明安徽省正处于劳动人口比重较多的人口红利时期；图2、图3为2010年、2030年人口年龄结构示意图，人口年龄金字塔的底部已缩小，腰部、顶部变宽，表明劳动年龄人口群体庞大且年龄层逐步上移，同时人均预期寿命提高使老年人口规模扩大，并开始出现年龄金字塔底部老龄化；图4表示2050年的人口年龄结构，已变成一个顶宽、底窄的倒梯形，即倒金字塔形，表明安徽省人口高度老龄化的结构特征。"① 面对已经沉重并将继续加重的社会老龄化带来的养老难题，传统的居家养老已经无能为力，仅靠政府的"兜底"也将不堪重负。安徽省要应对这一挑战，就必须创新观念，按照党的十八大、十八届三中全会的要求，正确处理好政府和市场的关系，使市场在资源配置中起决定性作用和更好发挥政府作用，做到既促进政府切实转变职能，提高养老服务资金的使用效益，促进养老服务资源的优化配置，又能够充分激发市场活力、集聚社会资金，破解政府投入无法短时间内弥补需求与供给的缺口难题，壮大培育市场化的养老服务机构及组织。这一战略转型将深入推进养老服务社会化进程，加快构建适应人口老龄化需求的养老服务社会化体系，对于应对由于人口老龄化所带来的种种社会问题，对于不断满足老年人持续增长的养老服务需求，对于安徽省"打造三个强省"、建设美好安徽、实现全面建成小康社会目标和构建和谐社

① 安徽省老年人口预测及应对人口老龄化战略研究课题组《安徽省老年人口预测及应对人口老龄化战略研究》（2010年10月）。

会，都具有十分重要的现实意义。

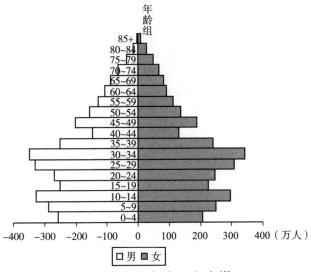

图 1　2000 年人口金字塔

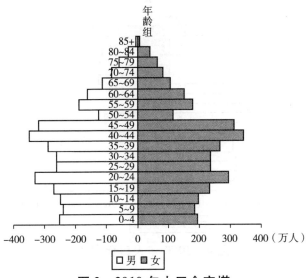

图 2　2010 年人口金字塔

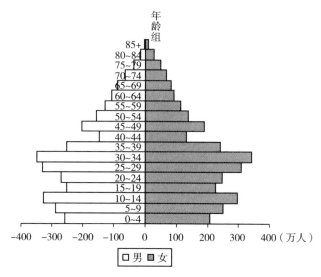

图 3　2030 年人口金字塔

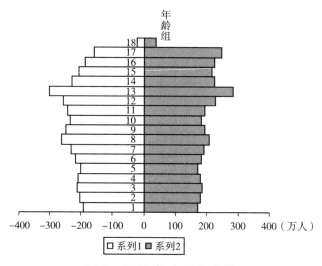

图 4　2050 年人口金字塔

（二） 满足安徽省多元化社会养老服务需求的顺应之举

2009 年，本课题组部分成员参与省社会保障研究会课题组的"安徽省民办养老服务机构发展对策研究"，经问卷调研发现，"不同老人对养老机构有不同的功能需求，其中，选择各种功能的老人人数和比例分别为：文体娱乐 270 人，占 49.8%；旅游度假 60 人，占 11.1%；劳动休闲 58 人，占 10.7%；学习研究 12 人，占 2.2%；健身场所 100 人，占 18.5%；其他 42 人，占 7.7%"，"不同老人对养老机构收费标准的选择不同，其中，接受能力在 600 元以下的有 187 人，占 34.5%；接受能力在 600 元到 1000 元的有 231 人，占 42.6%；接受能力在 1000 元到 1500 元的有 100 人，占 18.5%；接受能力在 1500 元到 2000 元的有 18 人，占 3.3%；可以接受 2000 元以上的有 6 人，占 1.1%。可见，绝大多数老人可以接受 1000 元以下的月收费标准（占总数的 77.1%）"① 另外，据《关于安徽省养老服务问卷调查分析及若干建议》的问卷调查显示，年龄、性别、职业构成、经济状况、婚姻、居住状况和健康状况等因素都可以影响老年人不同的养老需求，其中，"在养老方式选择上，选择家庭养老的占 61.1%，选择机构养老的占 15.0%，选

---

① 安徽省社会保障研究会《安徽省民办养老服务机构发展对策研究》（2009）。

择社居养老的占19.9%，选择其他方式养老的占4.0%"；"养老服务项目选择上，选择家政服务的占有效问卷的31.5%，选择餐饮服务的占40.8%，选择康复服务的占48.8%，选择娱乐活动服务的占32.9%，选择保姆陪护的占6.1%，选择钟点工服务的占2.8%，其他的占11.7%"。[①] 在其他调研可见，安徽省老年人的养老服务需求，无论是养老方式和养老服务项目的选择上，还是养老质量和水平的选择上，都呈现出多样性、多层次性的特点，这一点在安徽省一些市的调查研究成果中也得到了进一步验证。安徽省养老服务需求的多样化特征对养老服务产业的传统发展模式提出了严峻挑战，过分依赖政府财政、服务内容和标准及手段相对单一的养老产业传统发展模式不仅造成养老服务量上的短缺，更易造成严重的供需失衡，使养老服务的市场需求与供给严重不匹配乃至脱节，老年人的多样化的养老要求难以得到及时全面的满足。要破解这一困境，就必须立足现实，尊重市场消费需求，顺应现代养老产业的发展规律，以市场化方式发展养老服务；就必须不断创新市场化方式发展养老服务业的机制和路径，在发展养老服务业中充分调动各种所有制经济组织的积极性，除了各级财政作为养老服务机构的投入主体以外，鼓励企业和社会组织及个人以投资、承包、租赁、托管、股份制等形式参与养老服务业的发展，形成投资主体的多元化和经营方式

---

① 安徽省政府发展研究中心"安徽省养老服务问题研究"课题组《关于安徽省养老服务问卷调查分析及若干建议》（2013）。

的多样化，促进养老服务事业快速健康发展，唯如此，才能通过其他各种类型组织的介入对传统养老服务模式加以完善，才能走出仅靠政府投入形成的养老需求与供给"缺口"困境，切实为老年人提供方便可及、价格合理的各类养老服务和产品。

（三） 新常态下培育和催生安徽省经济发展新动力的重要抓手

当前，世界经济仍处在深度调整期，我国经济发展进入了速度变化、结构优化、动力转换的新常态，安徽省经济发展也面临着新的挑战和机遇。在此背景下，安徽省经济转型发展势在必行，结构调整迫在眉睫，必须按照升级传统存量，注入新兴增量。提升科技含量，加重生态分量[①]的要求，协调推动经济稳定增长和结构优化，推动产业结构迈向中高端，进入从高速增长转向中高速增长的新时期。这里一个关键的问题是如何培育壮大新的增长点，为经济发展注入新兴增量。研究表明，养老服务产业是一个重要的推力和抓手，这一地位和特点是由养老服务的自身特质、需求特征和发展条件决定的。养老服务产业最本质的特点是综合性和融合性，它以老年养老服务为对象，与医疗保健、休闲娱乐、精神慰藉、日常照料、文体旅游、房地产等各产业融合

---

① 李陈续．"四量"齐升打造经济"升级版"——访安徽安庆市委书记虞爱华代表［N］．光明日报，2015 – 03 – 10.

互动，具有显著的联动功能和综合效益。当前，一个链条长、领域广、对上下游行业带动效应明显的养老服务"银发产业链"已经呼之欲出，它包括养老地产业、养老保险业、养老医疗保健业、康复护理业、托管托养服务业、养老陪护家政业，以及围绕"以房养老"的金融服务业、房屋评估拍卖业、中介咨询业等现代服务业。安徽省养老服务产业具有诸多优势，仅以养老健康产业为例，课题组经研究后认为，健康养老服务产业已经成为未来区域产业竞争的重要领域，也是安徽省培育新兴优势产业的重要选择。一是区位优势。高铁时代的到来，将更加有利于安徽省优质的健康养老产品和服务东输，同时也更有利于吸引长三角地区人群到安徽省进行健康养老消费。根据规划，到 2019 年，安徽省已实现 16 个市全部通高铁，合肥米字型高铁路网骨架基本形成，届时安徽省的区位优势将进一步凸显。从健康养老产业发展的市场腹地看，2013 年江浙沪皖大长三角地区人口约 2.3 亿人，人均 GDP 约 1 万美元。其中上海人口 2380 万人，人均 GDP 14551 美元；江苏人口 7920 万人，人均 GDP 12049 美元；浙江人口 5614 万人，人均 GDP 11055 美元；安徽人口 6800 万人，人均 GDP 5116 美元。二是生态优势。安徽省特别是皖南地区生态环境优良，是发展养老休闲度假产业的理想之地。三是人文优势。皖北的道家养生文化和华佗医学、皖南的新安医学源远流长，具有深厚的健康养老文化传统。四是人力资源优势。安徽省人力资源丰富，合肥是我国重要的科教基地，健康养老领域专业技术研发人才基础较好。五是农业资源优势。安徽省是全国重要的农产品（含中药材）种植基地，也是全国重要的茶乡，拥有一大批道地药材和特色药材，具备发展健康养老保健品、食品和中药产业的重要资源条件①。实践证明，必须抢抓机遇，探索以社会化、市场化、商业化方式支持养老服务产业发展的长效机制，切实释放出养老服务业的巨大潜能，在安徽省经济社会新常态下起到扩大消费、促进就业、改善民生和调整产业结构的重要作用。

（四）壮大发展安徽省养老服务产业的必然选择

发展养老服务产业必须充分发挥市场主体作用。以市场化方式发展养老服务业对安徽省养老服务业的推进作用主要表现为：

一是可以解决在养老服务市场需求中存在的市场主体作用发挥不足与政府"吃不下"的矛盾。在 2015 年全国两会上，一些人大代表和政协委员对养老服务市场需求进行了分析。郑秉文、高美琴等代表认为，"养老的需求不仅会越来越大，并且是刚性的、稳定的。它的来源受经济周期波动的影响小"。② 政府既然吃不下，发展养老产业链便需要发

---

① 沈昕，《关于加快安徽省健康产业发展的建议》（安徽省政协提案 2015年 2 月）。

② 韩宋辉等，《要围绕经济"新常态"发展养老产业链》《中国社会报》，2015 - 3 - 10。

挥市场机制的作用。市场主体可以不断发掘养老需求，具备竞争力的企业还可能创造新的需求。在市场机制下，这个养老产业链可以越来越丰富。①

二是可以破解在发展养老服务中社会资金作用发挥不够与政府财政资金"供血不足"的矛盾。安徽省发展养老服务业的资金供应不足，政府资金主要起到养老基本保障的"兜底"功能和"杠杆撬动"的引导作用，不可能大包大揽。正是基于这种考虑，目前国家关于养老服务业发展政策中无不把充分发挥市场主体作用作为主要任务，把如何创新社会力量参与养老服务业的机制方式作为长期而重大的主题。李克强总理指出，要"鼓励养老健康家政消费，探索建立产业基金等发展养老服务，制定支持民间资本投资养老服务的税收政策，民办医疗机构用水用电用热与公办机构同价。"②《国务院关于加快发展养老服务业的若干意见》中把完善市场机制作为发展养老服务业的基本原则之一，明确强调要"充分发挥市场在资源配置中的基础性作用，逐步使社会力量成为发展养老服务业的主体，营造平等

---

① 韩宋辉等，《要围绕经济"新常态"发展养老产业链》《中国社会报》，2015-3-10。

② 2014年10月29日，李克强总理主持召开国务院常务会议，要求重点推进6大领域消费。一是扩大移动互联网、物联网等信息消费，提升宽带速度，支持网购发展和农村电商配送。二是促进绿色消费，推广节能产品，对建设城市停车、新能源汽车充电设施较多的给予奖励。三是稳定住房消费，加强保障房建设，放宽提取公积金支付房租条件。四是升级旅游休闲消费，落实职工带薪休假制度，实施乡村旅游富民等工程，建设自驾车、房车营地。五是提升教育文体消费，完善民办学校收费政策，扩大中外合作办学。六是鼓励养老健康家政消费，探索建立产业基金等发展养老服务，制定支持民间资本投资养老服务的税收政策，民办医疗机构用水用电用热与公办机构同价。

参与、公平竞争的市场环境，大力发展养老服务业，提供方便可及、价格合理的各类养老服务和产品，满足养老服务多样化、多层次需求"①。财政部 2014 年 8 月 22 日发布消息，中央财政下拨服务业发展专项资金 24 亿元，支持在吉林、山东等 8 个省份开展以市场化方式发展养老服务产业试点，主要目的是发挥中央财政的"杠杆撬动"作用，通过采取中央财政资金引导，地方政府、银行、企业共同出资设立基金平台，按市场化运作的方式，支持发展居家养老、集中养老、社区综合服务等多种形式、面向基层大众的养老服务产业，促进养老服务产业加速、融合发展，探索以市场化、商业化方式支持养老服务产业发展的体制机制和有效模式。可见，中央关于市场化推进养老服务业发展的一个核心的出发点是破解政府财政资金投入不足的问题，吸引更多的社会资金发展养老服务业。据悉，安徽省拟设立养老服务产业投基金，总规模初步设定为 18.5 亿元。② 关于为什么要以设立养老服务产业投基金、引入社会资本为突破口推进市场化方式发展养老服务，湖南省曾有较为深入的研究，该省财政厅课题组围绕健康养老，深入剖析了设立健康养老服务基金的意义，可供借鉴如下：

◀- -

设立"湖南两型健康养老服务基金"的意义：

引入 PPP 模式推动政府与社会资本合作将调动各方的

---

① 《国务院关于加快发展养老服务业的若干意见》。
② 安徽省财政厅《安徽省养老服务产业投资基金管理办法》（草稿）。

积极性，我们拟按照"政府引导、社会参与、市场运作、专业管理"的思路，设立"湖南两型健康养老服务基金"，支持安徽省健康养老服务业发展。这种运作模式对政府、企业、社会、个人等层面都具有现实意义。

就政府而言，可"借篷使风"，有效放大财政资金乘数效应。设立基金运作改变了以往政府通过财政资金直接支持项目的投入模式。一是可以创新财政支持方式。政府投资由专业机构按市场机制投入项目，"资金投入"变为"资本投入"，财政资金从"输血"改为"造血"，市场元素占主导地位，财政支持项目的方式发生了根本性变化。二是可以发挥资金的杠杆作用。设立基金可以建立"财政资金引导、社会资金主导"的投资模式，通过杠杆作用，多方位、多渠道、多形式拓展融资渠道，形成国有资本、民间资本共同参与的多元投资格局。财政资金以此可撬动10倍以上的资本来加速产业化，加快培育健康养老服务业市场。

就企业而言，可"借梯登楼"，发展壮大健康养老服务产业。湖南两型健康养老服务基金将委托专业的基金管理团队进行项目投资，基金前三年将募集54亿元，这将对安徽省健康养老服务领域注入巨大活力。基金的专业运作，一是疏通了企业项目的融资渠道，专业基金管理团队选取优质项目进行投资，可改变以往"企业无资金，资本无项目"的困局，企业通过接受股权投资，可以集聚资本优势加快项目建设，同时增强抗风险能力和发展潜力。二是可促进服务专业性的提升，健康养老服务业涉及医疗、保健、餐饮、家政、社区网络建设等领域，不同的领域需要不同的专业机构提供服务。基金投资健康养老产业，资本的逐利性将推动企业根据社会需要，提供更加专业的需求供给，促使服务结构更加优化。

就民间资本而言，可"借机上位"，确保资本活力充分体现。从现状看，社会资本都看好健康养老服务业发展前景，但普遍面临进入该领域短期盈利难和长期退出难的困境。通过基金引导社会资本，能较好地解决这些问题，有效激活资本市场。一是资本盈利更有保障。通过公开招选的专业管理团队决定资本投向，并通过团队跟投机制防范投资道德风险，较政府决策投资的项目盈利预期更好；同时，基金股权架构中赋予社会资本的优先分红权利，也使得社会资本的盈利预期更有保障。二是资本退出更有保障。基金投资项目正常情况下可通过境内外公开上市、并购、产权市场交易、内部协议转让、打包出售、公开拍卖、开拓金融创新产品及项目终结等多种方式实现退出。因战略投资者资本作为优先股投入基金，投资期满后，若优先级投资人未收回投资且未实现保证收益率则由普通级投资方按约定价格回购，从而解决战略投资者资本退出风险问题。

就整个社会而言，可"借力共赢"，保证各方资源有效配置。PPP 模式最终的目的是优化资源配置，达到各方最优。因此，对于全社会而言，设立 PPP 基金有利于实现

"共赢"目标。一是可以打造"湖南"品牌。通过基金运作，重点支持有特色、有市场发展前景的健康养老服务业项目，让湖南省在新一轮改革中走在前头，并成为全国的试点样板。二是可以延伸产业链条。通过投资行业内的中小企业、实现技术与资本的对接，促进构建健康养老服务网络体系。三是可以带动人员就业。李克强总理曾经在多个场合指出，"服务业是最大的就业容纳器"，从国外经验看，护理人员与老人之比是 0.58：1，养老服务业涉及长期照料、居家支持乃至饮食服装、营养保健、金融地产等方面，比第二产业能创造更多的就业岗位。

湖南省财政厅，《政府搭台　资本唱戏　服务健康养老——关于引入 PPP 模式发展安徽省健康养老服务业的对策建议》，2014 年 5 月。

- →

三是可以开创安徽省养老服务业开放创新的发展格局。近些年来，安徽省虽然在市场化方式发展养老服务上取得一定的成绩，但存在着规模较小、服务层次偏低、抗风险能力较弱等问题，与省内外一些先进地区的养老服务企业（集团）相比存在较大的综合实力与核心竞争力的差距。这一点下文将有具体论述。与此同时，安徽省养老服务产业将面临省内外养老服务企业强力竞争，只有大力推进市场化方式发展养老服务，才能使安徽省的养老服务企业有效应对养老机构核心竞争力不足又面临国内外竞争的挑战，才能坚持开放创新，与正在进入或准备进入的养老服务企业合作"共舞"、共创共赢，共同推进安徽省养老服务产业的大发展大繁荣。前不久，受安徽省政府发展研究中心邀请，澳大利亚葛兰奇（Grange）住宅养老（Senior Living）（简称 GSL）的保罗·菲利普斯一行在合肥与省政府发展研究中心人员，以及省财政厅、民政厅、商务厅及久久夕阳红、振亚养老公寓等负责人进行交流，对进入安徽省养老服务业表现出浓厚兴趣。这只是海内外养老服务企业即将进入安徽省养老服务业的一个例子。我们只有遵循市场规律，推进养老服务业的混合所有制改革，寻求到更多更有效合作机制和渠道，才能在开放合作中不断增强安徽省养老服务产业综合实力和核心竞争力，也将为安徽省养老服务企业（集团）将来能够走出安徽、走向全国和世界打下坚实的基础。

二、安徽省市场化方式发展养老服务业的主要做法与成效

近年来，安徽省委、省政府高度重视养老服务业发展，特别是认真落实中央有关市场化方式发展养老服务业的决策部署，出台一系列切实可行的政策措施，有力地保证了养老服务业健康快速发展。经过多年的努力和积累，截至2013 年底，安徽省拥有各类养老机构床位 30 万张，建成城市社区养老服务设施 1300 余个，农村村级养老服务设施2100 多个，社区居家养老服务信息平台 11 个。安徽省有 97万老年人纳入城乡低保，城市和农村保障标准分别达到月

人均 366 元和 197 元；安徽省"五保"供养总人数 43.9 万人，集中供养和分散供养分别达到月人均 271 元和 166 元；安徽省 60 个县区建立了 80 周岁以上老年人高龄津贴制度，20 个县区建立了经济困难老人居家养老服务补贴制度，惠及 83 万名老年人。总体上说，安徽省养老服务设施条件明显改善，社区居家养老服务网络初步建立，困难老年群体基本生活得到较好保障，社会力量参与养老服务的扶持力度持续加强，养老服务业发展环境逐步优化。

由于安徽省没有将专门的市场化方式发展的养老服务业统计数据从全部养老服务业中析出，所以难以全面准确地反映市场化方式发展养老服务业的情况。这里以合肥市的民办养老机构发展的问卷调研为例，来部分地加以反映，从而对安徽省市场化方式发展养老服务业的成效间接地加以反映。具体情况如下：

安徽省合肥市民办养老机构的发展现状：

研究者对合肥市属下的包河、瑶海、蜀山、庐阳、经开、高新和新站 7 个城区以及肥东、肥西、长丰、庐江、巢湖 5 个县域的民办养老机构发放"基本状况调查问卷" 33 份，回收问卷 33 份，对没有回答必填项的养老机构进行电话回访，充分保证信息的完整和准确性。调查涉及机构基本状况、入住老人及生活服务、基础设施、经营管理、管理及服务人员 5 大项目近 100 个指标。在获得 33 家民办养老机构完整数据的同时，也对颇具规模的 XYH

养老机构进行了个案研究，实现数据资料与访谈资料的相互结合和印证。

机构数量、床位数与入住：截至 2012 年底，合肥市共有养老机构 36 家，其中公立养老机构 3 家，民办养老机构 33 家。随着合肥市老年人口，尤其是高龄、失能老人的增加以及政府一系列大力发展养老服务事业优惠政策的出台，2001 ～ 2012 年，合肥的机构数、床位数和入住人数逐年增加（2004 年、2012 年机构数没有变化），尤其在 2006 年和 2008 年出现两次高峰期，床位年增长分别达到 98.11% 和 80.07%，入住人数年增长分别达到 97.95% 和 113.09%。12 年来，民办养老机构的床位利用率处于 30% ～ 60%。

基础设施：养老机构的基础设施是其提供养老服务的基本保障，主要包括房屋建筑、生活设施和医疗设备等。全市民办养老机构用地面积达 17.25 万平方米，总建筑面积近 20 万平方米。27.27% 的养老机构属于自建房屋，69.7% 是租用房屋，3.03% 属于改建房屋。在自建房屋的土地来源中，土地租赁的近 70%，政府划拨的占 28.5%。在租赁房屋经营的民办养老机构中，租期 5 年以下的占 34.78%，6 ～ 10 年的达 52.17%，11 年以上的占 13.15%。在生活设施方面，除健身房以外，超过一半的养老机构拥有公共卫生间、值班室、活动室、餐厅、公共浴室、图书阅览室等。目前，民办养老机构共有 5649 张床位，2080 间房间，单人间、双人间、三人间和多人间分别占总房间数的 11.63%、45.82%、28.51%、14.04%。入住老人的房间一般配有电扇、电视、空调、轮椅和衣柜等生活必需品，50%左右的养老机构拥有紧急呼叫器、电话，20%左右的备有饮水机和网络。在医疗设施方面，84.85%的民办养老机构备有急救药箱，66.67%和51.52%的购有吸氧机和吸痰机，30%左右的养老机构拥有B超、心电图仪和急救车。51.51%的民办养老机构与医疗急救单位建立了"绿色通道"，其中33.33%的养老机构有"绿色通道"且享有费用优惠，18.18%有"绿色通道"，但不享有费用优惠。

经营：民办养老机构总投资规模近2亿元，平均每家养老机构达583.12万元，其中，21.21%的养老机构投资规模超过1000万元。预期5年内能收回投资成本的养老机构占3.03%，6~10年的达24.24%，11~15年的占33.33%，16~20年的占27.27%，21年以上的占12.1%。

管理及服务人员：养老机构人员主要由管理人员和服务人员所构成。管理人员的管理素质直接关系到养老机构能否良性运作，工作在临床一线的服务人员的数量和素质则直接影响到入住老人的满意度和养老机构的声誉。全市共有902人在民办养老机构从事管理或服务工作，其中管理人员154人，34.42%的人员是管理学专业出身。护工有492人，其中取得养老护理员资格证书的占38.62%。鉴于老年人对医疗服务的刚性需求，近80%的民办养老机构聘请了专业医生和护士专门负责老年人的健康护理，医生和护士分别有 54 人和 140 人，取得执业资格证书的分别占 94.44% 和 81.43%，毕业于医学和护理专业的分别占 96.3% 和 62.14%。

黄佳豪，孟昉. 安徽省合肥市民办养老机构发展的现状与问题 [J]. 中国卫生政策研究，2014，7（4）：62-66.

-------------------->

具体来看，安徽省在以市场化方式发展养老服务业方面的主要做法和经验有：

（一）在统筹规划发展安徽省养老服务设施中保障各类市场主体的地位和利益

在强化公办保障性养老机构托底保障功能的基础上，引导社会力量投入养老服务业。安徽省各地陆续建立了对社会办养老机构建设的财政补贴制度，2012 年以来，仅省级财政就投资 1 亿元，撬动社会资金 22.8 亿元，兴办社会养老机构 330 所，床位 4.4 万张。对提供社区居家养老服务的企业和社会组织，省财政按照服务种类和人次提供每年 3 万 ~12 万元不等的运营补贴。利用省本级福彩公益金在部分市辖区开展"福满江淮老有所依"活动，通过购买服务的方式，培育居家养老服务企业和社会组织，着力打造没有围墙的敬老院。

（二）在逐步完善养老服务业发展扶持政策中强化支持各类市场主体兴办的养老服务机构发展

为鼓励社会力量更好地参与养老服务业发展，出台实施了一些扶持政策。一些政策虽然没有明确表明是支持社会力量通过市场化方式发展养老服务需求的，但大多强调民办养老机构一视同仁地享受政策待遇。在土地政策上，分类明确养老机构建设用地、社区养老设施用地、其他养老设施用地，并将之纳入土地利用总体规划和年度用地计划，其中，城市按照人均用地不少于0.2平方米的标准实施，比国家要求的标准高1倍，重大项目按规定在省预留建设用地计划指标中解决，保障养老服务业合理用地需求。在财政扶持上，各级财政安排专项资金，各级福彩公益金均将50%以上的资金，通过补助投资、运营补贴、购买服务补助等形式，支持养老服务体系建设。2014年，省财政及省本级福彩公益金共安排2.7亿元专项资金，其中5000万元专门用于支持社会力量兴办养老机构和社区养老服务。制定了政府购买养老服务实施办法，在全国较早建立社会力量举办养老机构贷款贴息制度；创新性地运用财政性资金，设立全国首个省级支持养老服务业发展风险补偿金，积极引导金融机构支持社会力量兴办养老机构。值得一提的是，在国家发展改革委等部委大力支持下，去年10月份，安徽省养老服务体系建设作为新增项目获得世行 1.4 亿美元贷款，这是世行在我国首次支持养老服务业发展。在税费优惠上，将国务院 35 号文件涉及的 4 条税收政策细化为 6 条，减免养老机构契税和耕地占用税，认真落实水、电、气、热等价格优惠措施。对民间资本举办的各类养老机构，服务收费全部实行市场自主定价；对民间资本租用公办养老机构房产举办非营利性养老机构的，3 年内免交房屋租金。在人才培养上，在 3 所大中专院校建立了老年护理实训基地，在 6 所养老机构建立了养老护理员实训和职业技能鉴定站。计划今明两年安徽省培训 15000 名养老护理员，2000 名管理人员和业务骨干。将养老从业人员纳入公益性岗位开发范围，给予岗位补贴和社保补贴。对从事养老护理工作的大中专毕业生，根据工作年限，给予国家助学贷款代偿、学费补偿和一次性奖励。

（三）在推进医养融合发展中促进形成各类市场主体兴办的养老服务机构与公办保障性养老机构融合发展的格局

推进医养融合发展是以市场化方式发展养老服务业的重点和难点，只有更好地发挥市场配置资源的决定性作用，充分释放市场潜能，才能实现老年人不同层次、不同类型的医养需求，也才能够改变安徽省养老服务业中存在的"养老不治病，治病不养老"① 的问题。在这方面，安徽省进行了积极探索。一是完善医疗卫生机构规划布局，有利于以市场化方式推进医养结合的顶层设计和统筹协调。结合当地老龄人口数量和医疗卫生资源分布状况，合理调整护理院、老年康复医院、社区养老、临终关怀等各级各类医疗机构的数量、规模和功能定位。二是健全城乡基层卫生服务网络，有利于形成以市场化方式兴办医养结合养老服务机构中心便于依托和利用的组织和设施网络基础。目前，安徽省共建成 411 所社区卫生服务中心，1582 所社区卫生服务站，1388 所乡镇卫生院和 15310 所村卫生室。三是开展老年健康管理工作，有利于形成以市场化方式推进医养结合的信息和档案管理基础。已为 65 岁以上的老年人建立健康档案，规范管理率达到 70.26%，签约服务率达到 10%；实施高血压、糖尿病患者健康管理服务，安徽省管理高血压患者 577 万名，糖尿病患者 136 万名；积极推进高血压和糖尿病患者"便民药箱"试点。四是统筹利用医疗服务与养老服务资源，有利于推进以市场化方式兴办的各类养老服务机构与公办保障性养老机构在医养结合中的优势互补和融通互动。安徽省规定，拥有 100 张床位以上的养老机构可申请设置医疗机构，符合条件的纳入医保定点范围。支持安徽省立医院、合肥滨湖医院、合肥夕阳红护理院等机构建设"医养结合"老年护理中心，引导部分一级、二级医院和闲置的

---

① 李铀，《全面推进"医养结合"的顶层设计和实践创新》（2015 年全国两会政协会议提案）。

原矿山、企业医院转型为老年护理院，形成规模适宜、功能互补、安全便捷的健康养老服务网络。

（四）在贯彻落实国家促进养老服务产业发展专门政策中着力探索市场化方式培育壮大养老服务业的路径

这些探索主要包括：着手编制安徽省养老服务产业发展规划，积极拓展适合老年人特点的文化娱乐、体育健身、休闲旅游、健康服务等产业领域，引导市场优先满足老年人基本服务需求。通过培育和认定养老健康服务业省级新产品、设立企业发展专项资金、认定有关产业集群等方式，鼓励支持企业技术创新，研制开发老年产品用品。建立了省级重大养老项目调度库，启动建设 6 个省级示范项目，着力打造一批特色鲜明、辐射面广、带动力强的养老基地，安徽省计划到 2020 年，建成 10 个养老服务业发展园区（基地），50 家骨干企业（机构）。全面建立养老机构综合责任险制度，近两年共引导保险资金 48.2 亿元，投资养老社区、健康管理中心等养老服务项目。组建安徽省太和中医药集团，形成涵盖基本医疗、健康养老和中药产业的中医药健康联盟。积极开发老年宜居住宅和老年社区，合肥太阳湾、泾县月亮湾、宁国幸福城等一批"全龄宜居社区"已见雏形。

浩研·彩虹园在芜湖经济技术开发区启动建设：

安徽省首个养老服务园开建　将推出多种养老模式

今年 2 月 6 日，安徽省首个养老服务业发展园区——浩研·彩虹园在芜湖经济技术开发区启动建设。该园区是安徽省国家重大工程项目。一期工程包括建设 5 万余平方米的养老体验中心、老年公寓、温泉养老中心等，600 多张床位；二期工程将完成占地 200 亩的老年康复护理医院、彩虹事业中心、老年产品用品体验展销中心、集中养老社区等项目建设。该园区同时推出医养结合、旅居养老、连锁化社区居家医疗养老等养老模式，为老年人提供完善的配套养老服务。

沈宫石，《安徽省首个养老服务园开建　将推出多种养老模式》（安徽日报，2015 - 2 - 9）。

（五）不断健全市场化方式发展养老服务业发展的工作机制

早在 2012 年，安徽省就成立了由省政府分管负责同志任组长，民政、发改、财政等部门为成员的省养老服务体系建设领导小组，负责安徽省养老工作的政策制定和工作督导，将发展养老服务业纳入国民经济和社会发展规划。省政府《关于加快发展养老服务业的实施意见》将养老服务业发展任务细化分解为 46 项具体目标，明确落实主体和牵头单位，为政策的落实提供了有力的保障。截至 10 月底，省发展改革委、教育厅、民政厅、财政厅、人社厅、国土厅、住建厅、卫计委、地税局、金融办、物价局、保监局等单位密集出台了一系列政策措施，着力解决政策制定"最先一公里"问题；根据省政府的统一部署，安徽省 16 个地市也陆续成立了相应的领导小组和工作，并将发展养老服务业工作列入政府重要议事日程，加强对政策落实情况的督促检查，着力打通政策落实"最后一公里"。需要说明的是，这些机制虽然是面向安徽省全部养老服务业发展，但市场化养老服务业的发展是工作的重要主体和内容重心，这一点在安徽省政府《关于加快发展养老服务业的实施意见》的有关内容中可以体现，几乎在该文的每一项条款中都有明确的规定。

◄-----------------------

《关于加快发展养老服务业的实施意见》市场化方式发展养老服务业内容：

在总体要求上，强调"以全面深化改革为统领，按照责任明晰化、投资多元化、对象公众化、服务多样化的原则，坚持保障基本，注重统筹发展，完善市场机制，激发社会活力，……发展养老服务产业"，"涌现一批带动力强的龙头企业和大批富有特色的中小企业，形成一批养老服务产业集群和知名品牌"等。在履行政府职责、提高基本养老公共服务水平上：强调"加强养老服务市场监管"，如健全养老服务准入、退出、监管制度，及时查处侵害老年人人身财产权益的违法行为和安全生产责任事故。所有政府补助的服务项目和补助对象都必须进行服务质量和养老需求评估。建立和完善养老服务业监测统计制度。在深化体制改革、充分发挥社会力量主体作用上，强调"创新养老服务供给方式""培育养老服务市场主体""发展混合所有制养老机构""推动医养融合发展""促进养老服务产业发展"等，这部分内容占该文重要篇幅。在强化政策保障上，强调大力优化养老服务业发展环境，完善财政扶持政策，"强调各地要统筹整合资金，加大财政性资金支持社会养老服务体系建设的力度，鼓励和引导民间资本参与养老服务业发展；各级福利彩票公益金的50%以上要用于支持发展养老服务业"；完善金融扶持政策。如"加快金融产品和服务方式创新，支持养老服务业的信贷需求"，"加强养老机构信用体系建设，支持非营利性养老机构资产抵押和优质企业信用贷款。拓展直接融资渠道，支持养老服务龙头企业上市融资、发行企业债券"；完善土地供应政策，如"营利性养老机构，应以租赁、出让等有偿方式供地""支持企业利用存量用地建设养老机构"；完善税费优惠政策，如"对符合条件的非营利性养老机构按规定免征企业所得税"；完善人才培养和就业政策，等等。

本内容依据《安徽省人民政府关于加快发展养老服务业的实施意见》中相关内容整理改写。

三、安徽省市场化方式发展养老服务业存在的主要问题

近年来，安徽省通过市场化方式发展养老服务业取得积极成效，养老服务设施条件明显改善，养老服务网络初步建立，困难老年群体基本生活得到较好保障，社会力量参与养老服务的扶持力度持续加强，养老服务业发展环境逐步优化。尽管安徽省养老服务业取得了长足的发展，但也要清醒地看到，由于安徽省在全国属于较早进入老龄化的省份，加之安徽省经济社会发展总体水平不高，这项工作还存在着服务设施总量不足、布局不合理、市场发育不完善、产业基础薄弱、企业用地和融资困难、服务人员短缺且素质不够高等突出问题。总体上说，安徽省市场化方式发展养老服务业还处于有所起色和亟待突破的阶段，安徽省养老产业尚处于"大市场、小产业"的尴尬局面。

（一）产业现有规模与应有潜力存在较大差距

2020 年安徽省老龄人口达到 1160 万人，2013 年安徽省人均消费水平 11618 元，以此估算，2020 年安徽省老龄人口年消费额将突破 1000 亿元；2010 年人均消费水平（8237 元）较 2000 年（4233 元）十年增长近 2 倍，按此估算，

2030 年安徽省老龄人口达到 1870 万人，届时年消费水平接近 3000 亿元。与这种巨大潜力相比，养老产业的现实规模较小，且存在严重的区域失衡现象。目前，安徽省养老产业虽然商机无限，但仍然是"叫好不叫座"。市场投资者大多是关注多、行动少，没有因为商机无限而蓬勃发展，由于老年人的特殊需求投入研制的经费较高，市场风险也大，因此不愿开发生产老年人用品。特别是目前的社会保障、医疗保健和养老金制度尚在完善中，相关的政策不到位，加大了涉足养老产业的风险和成本。养老产业往往是投入时间长、见效比较慢，带有一定公益性质的行业。对于企业来说，如果没有强有力的政策扶持，大多不愿意进入这样的行业，影响投资者对整个行业发展的信心。据安徽省民办养老服务机构发展对策研究课题组研究，安徽省民办养老机构"规模偏小、分布失衡。安徽省民办养老机构规模整体偏小，床位数在 100 人以上的只有 11 家，仅占 10.60%；50 人以下的有 62 家，占 59.60%。平均每个机构入住老人只有 54.4人。地区分布也不均衡，省会合肥的 23 所民办养老机构几乎占有一半床位。"[1]

安徽省养老产业具有巨大的潜在市场：

安徽省人口基数大，老年人口规模大，潜在市场规模大。按国际常用标准，安徽省 1998 年 65 岁及以上老年人口

---

① 安徽省民办养老服务机构发展对策研究联合课题组，《安徽省民办养老服务机构发展对策研究》，2009。

比重达 7.02%，比全国早两年进入老龄化社会。安徽省的人口老龄化发展趋势可以划分为三个阶段：第一阶段，1998～2020 年，快速老龄化阶段。2020 年，安徽省 60 岁老龄人口突破 1160 万人。第二阶段，2020～2040 年，加速老龄化阶段。2030 年和 2040 年安徽省 60 岁老龄人口分别达 1870 万人和 2315 万人。第三阶段，2040 年中后期，重度老龄化阶段。2040 年以后 60 岁老龄人口比重超过 30%，并继续增加，2050 年将达到 2580 万人，占比 34.18%。根据预测，2020 年安徽省老龄人口达到 1160 万人，2013 年安徽省人均消费水平 11618 元，以此估算，2020 年安徽省老龄人口年消费额将突破 1000 亿元；2010 年人均消费水平（8237 元）较 2000 年（4233 元）十年增长近 2 倍，按此估算，2030 年安徽省老龄人口达到 1870 万人，届时年消费水平接近 3000 亿元。

省卫计委、省委政研室调研组，《安徽养老产业发展现状与对策建议》，中共安徽省委政策研究室《专报材料》，2014 年 12 月 22 日。

------------------------▶

（二）产业供给结构与养老需求结构严重不匹配

当前，养老产业需求侧市场趋于细分化，出现了老年用品、老年公寓、老年护理、老年疗养、老年文化、老年娱乐、老年家政护理等多种养老服务及配套服务业。但与这种需求侧市场细分的趋势相比，安徽省市场化养老供给侧的市场体系则极为狭窄和单一,服务内容和产品远不能满足老年人多元化、个性化、多层次化的消费需求。据研究表明,安徽省特殊老人的人群刚性需求呈迅猛增长态势。一是失能老龄人口、空巢老龄人口照料需求和精神慰藉需求增加,尤其是特殊人群养老需求增加,供给不足。2013年,安徽省失能半失能老人突破200万人,每人每年消费将达2万~3万元,消费刚性需求500亿元左右;2030年将达400万人,对医养融合的需求急剧增加。对养老床位需求增加,仅失能老人床位需求就需400万张,而现有养老床位不足30万张;护理人才需求也急剧增加。二是老年慢性病患者数量激增,2012年全国慢性病患者已达2.6亿人,其中,60岁以上的老年人近50%患有慢性病,仅老年高血压和糖尿病患者近1亿人,对患慢性病老人的护理市场需求巨大。三是从事有毒有害(如粉尘、有毒化学原材料等)工种的农民工(多为大龄人群)产生的职业疾患在未来10~20年内将呈现快速增长,据测算安徽省农民工职业疾患患者约有150万人,此类人群的医疗和养护需求很大。上述三大特殊群体的养老服务需求每年将达3万~5万元,需要的养老机构和专业养护人员的数量巨大。这些需求将有力促进安徽省产业结构调整和经济发展,并吸纳更多的劳动力就业。但遗憾的是,这种刚性需求在安徽省市场化养老产业中却没有得到应有的呼应和匹配,所能提供的服务和产品与市场需求严重脱节,基本只能提供最基本的非常单一的同质化的养老服务。黄佳豪曾经对合肥市的民办养老结构供求失衡现象进行问卷调研，分析结果也印证出合肥市作为安徽省市场化养老领先的地区，在产业供给结构与养老需求结构上存在严重不匹配的问题。造成安徽省市场化养老机构产业结构滞后于现实需求的原因是现有市场化养老机构的服务设施简易、功能不全，提供多样化、多层次、专业化的养老服务和产品可谓是"心有余而力不足"。据研究，安徽省入住机构的老年人不仅有生活照料方面的需求，还有医疗、护理、康复、扩展知识、联系社会等多方面的需求，而安徽省大部分民办养老机构目前还难以满足这些需求，困难主要表现在：医疗器具不健全，接受调研的 104 家机构中仅有 8 家配备了 B 超机，9 家配备了心电图机；同时，与医疗急救单位建立绿色通道的也只有 53 家；网络、教育、休闲、度假、娱乐等其他设施也严重缺失。[①]

合肥市民办养老机构供需结构失衡状况：

根据对民办养老机构中入住老人的调查发现，需三级护理的占 27.85%，需二级护理的占 21.97%，需专门和一级护理的占 50.18%，这意味着半自理和完全不能自理的老人超过了 70%。但从养老机构的功能来看，目前合肥民办养老机构主要是由卫生部门主管的老年护理院和民政部门主管的老年公寓两大类。老年护理院专门为半自理和完全不能自理的老人提供照料，而老年公寓主要是为自理老人提

---

① 安徽省民办养老服务机构发展对策研究联合课题组，《安徽省民办养老服务机构发展对策研究》，2009。

供集中居住的相关照料服务。全市老年护理院 7 家，1303
张床位，只入住了 999 位半自理和完全不能自理的老人，剩
余的需要介护、介助的老人全部流入了老年公寓。老年公寓
收养了从基本生活自理到半自理再到完全不能自理，甚至
需临终关怀的老人，没有按老人需要照料程度的不同进行
功能划分，设置不同的建造、设施和人员配备标准，局限于
简单的日常生活照料服务，既忽视了自理老人的精神和社
会参与需求，也忽略了半自理和完全不能自理老人的医疗
康复需求，最后导致不管是照料还是护理服务都不够专业
和细致。

黄佳豪，孟昉. 安徽省合肥市民办养老机构发展的现状与问题［J］. 中国
卫生政策研究，2014，7（4）：62－66.

--------------------->

（三）市场化方式养老服务业发展的支撑要素存在诸多瓶颈

随着民营资本进入，从土地、劳动力、资本、技术和信
息这几个要素来看，安徽省养老产业发展尚存在诸多瓶颈。

一是土地供应问题难以落实。地方政府领导重视程度较
低，在土地规划布局上没有给予养老项目支撑性支持。在
"土地财政"的状况下，养老设施在城市、乡村没有总体布
局规划，即使有一些设想，政府在保基本的土地供应部分可
能有所考虑，社会力量很难获取土地。2009 年以来，安徽
省社会保障研究会、省老龄办、省政府发展研究中心经过反

复论证，拟引进养老企业，投资数亿元，在长丰县新建一个集养老、保健、康复、医疗、休闲、娱乐、临终关怀等为一体的多功能、综合性的养老机构，该项目受到专家和省直有关部门的充分肯定，时任省人大常委会副主任的朱维芳同志也对该项目予以充分好评、寄予厚望和充满期待，但经过两年的磋商磨合，最终该项目由于土地供给问题而流产。

二是安徽省养老服务业一直存在人才瓶颈，护理人员数量短缺，劳动强度大，专业性不足且流动性大。安徽省专业的养老护理人员和养老服务机构管理人才均严重不足，我国持证的养老护理员仅数万人，安徽省仅数千人，按照国际5：1的护理员需求量，缺口将近40万人。再以合肥市调研为例，该市民办养老机构人力资源匮乏，目前，医护人员的专业化程度与入住老人对专业化养老服务的需求之间的矛盾日益凸显。首先，人才队伍缺乏。目前，医生、护士和护工与入住老人的比例分别是1：60.57、1：23.36和1：6.65，这意味着一个医生、护士和护工分别要照料61位、23位和7位老人。由此可见，全市医护人员缺口非常大，照料压力很大，很难保证服务质量。其次，护工文化层次低、年龄大且专业性不强。小学学历的护工达51.73%，大专及以上学历的不足1%。50岁以上的护工近90%，30岁以下的年轻护工不足1%，护理队伍年龄结构老化严重。护理专业出身的护工只占7.31%，接受过专业培训的不到一半。再次，医护人员流动率高。医护人员工作时间长，劳动强度大，工作压力大，工作待遇低，社会认同度低，从而导致人才流失严重。在过去的一年里，民办养老机构的医生、护士与护工的流动率分别为38.89%、35.71%和22.15%，新聘率分别为28.86%、31.3%和23.86%。医护人员流动性过高，服务队伍不稳定，不仅增加了养老机构的运营成本，而且新聘人员与老年人的重新磨合也无形增加了老年人的心理压力，不利于服务供给的连贯性与稳定性。研究表明，安徽省养老服务业人才瓶颈问题由来已久，安徽省民办养老服务机构发展对策研究联合课题组在2009年的《安徽省民办养老服务机构发展对策研究》中已充分揭示了这一问题，但至今未得到明显改观。该课题组通过对安徽省养老机构特别是民办养老机构进行实地调研和统计分析，当时形成安徽省民办养老机构专业人士匮乏、培训薄弱的基本判断和分析，特别指出了民办养老机构专业人才缺乏并少有培训的现实。

◄------------------

安徽省民办养老机构专业人士匮乏、培训薄弱：

安徽省养老机构专业人员严重缺乏，非专业化倾向严重。具体情况见表1：

表1　　　　　　　　养老机构人员情况　　　　　　　单位：名

项目	管理者	医生	护士	护工	其他
人员总数目	287	126	100	954	152
拥有资格证人员数目	95	110	73	139	未说明

从表 1 可以看出，安徽省养老机构现有管理服务人员 1619 人，各类人员中拥有资格证书的比例分别为：管理者 33%，医生 87%，护士 73%，护工 14.6%。从中可以看出，各类人员中拥有资格证书的偏少，尤其是护工。在民办养老机构中，对管理人员和服务人员的专业培训十分薄弱，所调查的 104 家机构中只有寥寥几家开展过此类活动。

安徽省民办养老服务机构发展对策研究联合课题组，《安徽省民办养老服务机构发展对策研究》，2009。

----------------------►

三是资金短缺，固定成本大、资金来源渠道少、各种支出项目多。安徽省民办养老机构普遍存在资金短缺、贷不到款，不能有效融资，尤其是养老机构土地不能抵押，严重制约融资。政府贷款贴息主要针对的是公办养老服务部门。客观分析，这一问题在全国养老服务业中也是一个普遍的现象。全国政协委员、合众人寿董事长戴皓曾就民间养老机构资金困难及形成原因进行了分析，他认为，目前民间资本投资养老服务产业非常艰难，除固定资产投入外，人力成本、能源费用、房产税、土地使用税等构成的运营成本也非常高，而由于市场需要培育、前期入住率不足，民营养老机构运营压力非常大，特别是资金短缺的瓶颈极为突出，对于许多民办养老机构而言可谓生死攸关。"以我所知道的一家纯照料型服务机构为例，2014 年他们的服务收入仅 400 万元，而人员工资、水电气等能源费用和各种税费的运营成本高达 1300 万元，净亏损 900 万元。

这还不算设施投资 5 亿元的收益，如果按照 5% 的银行利率保守计算，又是 2500 万元的损失。综合折算下来，这家养老机构一年至少亏损 3400 万元。"① 关于这一问题，在安徽省一些民办养老机构调研时反映的极为集中和强烈，如课题组在合肥"夕阳红"、振亚、肥西温馨等老年公寓调研时，他们都坦承在资金方面长期承担巨大压力，希望我们向有关部门呼吁并积极谋划，帮助他们破解资金短缺、融资难、贷款难问题。民办养老机构等相关研究成果中也多有分析，这里举出安徽省和合肥市为对象研究分析成果加以展示和印证。

合肥市养老机构面临资金不足难题：

养老机构前期投入大，资金周转缓慢，投资回收周期长，经营风险大，大多数民办养老机构亏损、微利或保本经营，社会资本大都不愿涉入这一领域，从而使得养老机构运营困难。调查也发现，某一较大规模养老机构为了解决资金难题，曾在老龄部门的协助下召开招商会，虽然有许多企业对养老服务这一投资方向很有兴趣，但能正式签约的却很少。而在国外，企业、财团、慈善组织、宗教团体以及个人都会尽力为老年福利提供各种便利条件，而国内慈善事业不发达，再加上民办养老机构私营性质强，一般难以得到民间资金的无偿注入与支持。同时，由于养老机构回报率低、风险大，而且绝大部分民办养老机构在民政部门登记为民

---

① 戴皓. 民办养老，路在何方？[N]. 光明日报，2015-01-05（11）.

办非企业单位，难以获得银行借贷。

黄佳豪，孟昉. 安徽省合肥市民办养老机构发展的现状与问题［J］. 中国卫生政策研究，2014，7（4）：62 - 66.

---------------------➤

四是老年用品的设计、研发、生产还处于萌芽状态，远远落后于东部地区，医养护能力有待提升，服务能力、医保结算、政策引导等方面还存在诸多制约因素，需要做好顶层设计和制度建设。

五是养老服务信息化建设程度不高。老龄人口信息云平台尚未建成，老年智能化终端产品缺口较大。[1]

（四） 养老服务市场仍处在摸索阶段

养老服务业的主要领域属于前期投入较多、专业人才需求大、回报周期较长的行业，加之现阶段老年人实际消费支付能力有限，使得民间资本参与意愿不高，养老服务市场发展缓慢，迫切需要加以积极引导和扶持。主要表现在：

一是培育养老服务市场主体力度不够，政府购买服务意识有待进一步深化。

二是养老服务市场的准入、退出和监管机制尚不健全，规范和标准较为缺乏。

三是市场主体作用没有充分发挥，服务功能单一，缺乏

---

[1] 省卫计委、省委政研室调研组，《安徽养老产业发展现状与对策建议》，中共安徽省委政策研究室《专报材料》，2014 年 12 月 22 日。

服务供给层次和可持续发展的项目支撑，服务水平满足不了老年人需求。尤其是在社区居家养老服务方面，提供基本生活照料的多，个性化和特色化服务还很匮乏，造成不少运营社区居家养老服务的市场主体面临不可持续的问题。养老护理需求最为迫切的失能、半失能和需要临终关怀的老人，由于护理成本高、风险大，很多养老机构不愿意接收。

四是老年人基本信息和服务需求档案工作尚需进一步完善，信息档案的不健全和不及时也制约着市场化推进养老服务业的进程。① 主要表现为对老年人的身体状况、经济水平、文化层次以及需求情况没有详细的调查摸底，尤其缺乏对空巢、失独、残障以及贫困老人等需要特殊关怀群体的档案记录，进而削弱了分类分层服务方式的针对性。②

五是产业发展缺乏规范的风险防范机制。虽然近年来我国出台了不少法律法规，如《老年人权益保障法》，但尚无与养老机构直接相关的特殊法律法规。根据民政部《社会福利机构管理暂行办法》和《老年人社会福利机构基本规范》，合肥出台了《合肥市养老服务机构考核标准（试行）》，在建筑、服务、管理、安全四个方面提出了具体考核标准，但养老机构并未形成系统的质量管理和法律协调体系，缺乏相应的规范或法规依据：一方面，老年人在养老机构里合法权益受到侵犯时，如收费混乱、服务不达标、遭

---

① 安徽省政府发展研究中心课题组，《安徽省发展健康养老产业若干思考》（初稿），2015 年 4 月。
② 《市场化养老服务业发展面临的五大问题》，news. hc3i. cn/art/2014 年 12 月 5 日。

受虐待等，却难以得到法律保护；另一方面，一旦发生入住老人意外伤害事件，无论对错或责任大小，养老机构都要花费大量的人力和财力去解决纠纷，养老机构的合法权益也得不到保障。这些都制约着安徽省市场化养老服务业的健康、广泛、稳定和可持续发展。①

（五）推进市场化养老服务业发展的政策体系仍不够完善且落实不够到位

"上级的优惠政策虽然很好，但是部门落实力度不够；民政部门作为养老服务体系建设的牵头部门，责重权小，难以凝聚部门合力；各地出台的补贴政策很好，但是落实很难；养老服务体系建设盲目追求数量，质量管理制度及退出机制不健全等。这些问题在一定程度上抑制和影响了养老服务业的健康快速发展。"全国人大代表、山东省德州市宝丽洁家政服务有限公司董事长焦文玉说。② 这一现象在安徽省表现得更为突出，这里单独提出，就是要强调这一问题不仅是安徽省市场化方式发展养老服务业中客观存在的问题，也是造成其他问题的重要原因，必须认真加以厘清，深刻加以剖析。

---

① 黄佳豪，孟昉.安徽省合肥市民办养老机构发展的现状与问题 [J].中国卫生政策研究，2014，7（4）：62-66.
② 朱宁宁.住不上住不起养老机构现象频现全国人大代表建议 推进社区养老服务中心全覆盖 [N].法制日报，2014-03-31.

上述问题主要体现为两个方面。

一是政策体系仍不够完善。首先是政策系统化程度不高。安徽省养老产业市场化和社会化起步较晚，发展进程缓慢，养老服务机构开放模式和开放力度依然处于摸索阶段，相应地对市场化方式发展养老服务业的优惠政策也处在试行和逐步制定的阶段，导致政策总量过少、力度不足等问题。尤其是在具体细化和落实过程中难以实现系统化、全面化，可操作性程度有待提高。政策碎片化的情况还在一定程度上存在，如医疗资源如何进入养老机构、新建小区如何配建养老公共服务设施、基本养老和基本医疗以及社会救助制度如何有效衔接等。其次是政策的可操作性还不够强。据研究，当前安徽省这方面的政策与山东省、浙江省、海南等省出台的政策相比，在细化程度和可操作性上都存在一定差距，迫切需要根据安徽省养老产业实际情况，制定系统全面的养老产业政策。①

二是已有政策的落实力度不足。近年来，国家和省及地方政府在促进养老服务业发展上出台了一系列优惠扶持政策，但因为种种原因，在具体执行过程中仍然落实不够，用地难、融资难、用人难等依然是制约养老服务业发展的瓶颈问题。如在土地使用方面，尽管原则性的规定都有，但一些地方受"土地财政"的影响，养老设施用地很难落到实处。在融资方面，现行的金融产品和服务方式不能适应养老服

---

① 安徽省政府发展研究中心课题组，《安徽省发展健康养老产业若干思考》（初稿），2015 年 4 月。

务业的行业特点，养老服务企业和机构的信贷需求得不到满足。在人才队伍建设方面，缺乏有针对性的奖励激励政策，很难吸引较高素质的人才从事养老服务。公办托底保障性养老机构（如农村敬老院）的工作人员待遇偏低、素质不高，尤其是运营经费得不到有效保障，服务水平亟待提高。根据有关研究，造成已有政策落实不力的主要原因有政策本身和政策执行监督不够到位两个方面。

四、对安徽省加快市场化方式发展养老服务业的思考与建议

（一）深刻把握国内外养老服务业的发展趋势

人口老龄化不仅是我们面临的难题，也是全国各地和世界许多国家都亟待破解的难题。如何运用市场化方式发展养老服务业，各国都进行了一些积极有效的探索，综合分析国内外发展养老服务业成功经验，得到的最大启示是，在切实体现政府的公益保障的基础上，以市场化的多种途径充分发挥社会力量的作用，充分体现出市场在养老资源配置中的关键作用。就国外发展模式而言，就是由政府建立和完善法律制度体系，为养老服务发展提供制度保障，同时充分调动和利用私人资本、企业以及其他社会资源投资养老服务市场，以促进非营利组织及企业的发展壮大，进而形成

一个可持续的医疗—养老服务产业体系。该医疗—养老服务产业体系主要通过市场进行调节，政府在必要时对该系统只进行一定的监督和调控。该医疗—养老服务体系的有效运行充分发挥了市场自我调节与政府调控的最大优势。因此，结合国情、省情学习和借鉴国内外以市场化方式发展养老服务业相关理论与实践，对于我们深刻把握养老服务业发展现状及其趋势，集成和探索国内外市场化养老服务业发展的典型模式与具体途径，促进安徽省有效养老服务体系的建立具有重要的意义（见表2～表4）。

表2　　　　　　国内外养老服务业相关理论研究

理论流派	主要观点	提出
社区照顾	让老人在其熟悉的社会环境下维持日常生活，以此避免不必要的社会隔离，分为无偿服务，社区开办小型院舍，设立暂托处，提供上门服务等	1963年由英国政府健康部最先提出
社会嵌入	个体结构之间需要的是相互支持、融合和互动。老年人没有失去社会性，只是角色发生了变化。社区可以提供各种服务帮助老年人更好地应对由于角色转换而产生的不适应感	美国著名社会学家马克·格兰诺维特（Mark Granovetter）
福利多元	社会福利可以由公共部门、营利组织、非营利组织、家庭和社区共同负担，政府角色转变为福利服务的规范者、福利服务的购买者、物品管理的仲裁者以及促进其他部门从事服务供给的角色，其中两个最主要的方面是参与和分权	20世纪80年代欧洲国家社会政策领域新兴的理论范式

续表

理论流派	主要观点	提出
福利供给——非营利组织	养老机构具有非营利组织的性质，养老服务具有非排他性和竞争性，属于"准公共物品"范畴。因此，单靠市场机制无法实现有效资源配置、难以避免"搭便车效应"，导致在自由市场中养老服务供给不足，出现市场失灵，因而须借助于政府和非营利组织的力量保障"养老服务"准公共物品的供给	20 世纪 60 年代以来，"全球结社革命"席卷了英美等后现代国家，在"部门失灵""市场失灵"等理论基础上产生

资料来源：安徽省社会保障研究会联合课题组，《加大扶持政策落实力度加快安徽省养老服务业发展研究》，2014 年 12 月。

表3　　　部分省份养老服务业发展的主要模式

省份	主要模式及特点
上海北京浙江广东天津南京	社区居家养老服务模式实践。上海率先实行"以家庭为核心，以社区为依托，以专业化服务机构为载体，上门、日托或邻里互助为形式"的社区居家养老服务。北京、浙江、广东也相继大力发展居家养老服务并且获得重大突破，服务形式从单一到项目化、集约化发展。天津市 2008 年直接由政府"买单"为各类老年困难群体享受居家养老服务。南京玄武区有"8＋1＋X"居家养老模式
中国香港	机构养老服务模式实践。香港地区的院舍服务：香港由当地政府和社会力量共同兴办的社会福利机构，是香港养老服务体系的一大支柱。主要为特定的对象提供各种生活照顾、活动场所、养老设施等供养型社会福利项目

资料来源：安徽省社会保障研究会联合课题组，《加大扶持政策落实力度加快安徽省养老服务业发展研究》，2014 年 12 月。

表 4　　　　　　　　　　国际养老服务业发展的主要模式

国家	主要模式及特点
中国	以家庭养老为主，向家庭养老、机构养老、社区居家养老并重转变。机构养老具有典型政策性和扶持性，主要面对弱势群体。社会福利院主要收养城市中的"三无"对象，资金与运作靠政府支持。随着经济水平提高，面向中高收入人群的养老机构进入市场。北京市由民政局负责对北京市养老服务机构进行总体规划、监管
日本	以家庭或亲属照顾为主体、辅之以公共福利服务和社会化服务的养老服务。采取的主要措施有：建立社区老年服务制度；推出"介户保险"；颁布与修订各项法律法规；建立庞大的专业队伍，并严格考核；大力发展老年教育，开办"老年班"和老年大学
美国	老年人的养老问题主要由政府和社会承担，于 1981 年就推行了家庭医疗补助和社区服务计划。主要通过完善法律法规，鼓励社会力量兴办养老机构，实施老年保健计划，对老年群体制定普遍适用的优惠政策，设立专门的老年人福利养老院、老人日间托护中心等政策措施，来保障养老服务业的发展
瑞典	建立的是"从摇篮到坟墓"普惠制式的福利保障制度。实行高福利的养老保障模式，并通过建立社区养老服务网络、重视并鼓励老年护理机构商业化经营、鼓励慈善团体/非营利机构兴办公益事业等措施，充分发挥社会资本在养老服务业发展中的作用
英国	社会服务体系主要由地方政府组织管理。注重监督机制的建立和完善，主要采取的有效措施有：完善评估体制，设置服务监督员；引导私人或志愿组织开办养老机构；开办"托老所、好街坊"；享受免费公费医疗；设置专门老年医院
澳大利亚	建立了由雇主和雇员分别缴费的养老保障体系，实行老年照顾项目（HACC），以家庭为中心强化服务。政府以购买服务的方式向服务机构进行拨款，而服务机构则要通过竞标获得拨款并受政府监督
芬兰	根据 90% 以上的老人喜欢在自己家中安度晚年的特点，将重点放在为老人提供周到的家政服务和保健服务等各种辅助性服务上。首都赫尔辛基社会服务局将该市划分为 4 个区，每个区均有一个社会福利中心，每个中心内又按小区划分为几个社会服务部，为老人提供家庭服务或提供上门医疗保健服务

（二） 明确发展的总体目标和思路

加快以市场化方式推进养老服务业发展，中央有部署、社会有共识，现实有需求、社会有期盼，必须认真研究，明确市场化方式推进养老服务业发展的总体要求和主要思路。

关于总体目标，综合安徽及浙江、河南等省的省财政、商务、民政等部门的研究成果，经进一步深化研究，概括如下：

一是服务能力大幅增强。初步建成功能完善、规模适度、覆盖城乡、具有安徽特色的养老服务产业体系，力争安徽省养老服务业增加值占生产总值的比重超过全国平均水平，成为推动安徽省经济社会发展的重要力量。

二是产业规模显著扩大。以老年生活照料、老年产品用品、老年健康服务、老年体育健身、老年文化娱乐、老年金融服务、老年旅游等为主的养老服务业全面发展，养老服务业增加值在服务业中的比重显著提升。培育若干规模较大的养老服务集团和连锁服务机构，形成一批富有活力的中小型养老服务机构。安徽省机构养老、居家养老生活照料和护理等服务提供50万个以上就业岗位。到2020年，在安徽省建成50个左右20分钟社区居家养老服务圈示范项目，培育2~3家年营业额50亿元以上的养老服务企业，打造若干国内领先国际知名有较强竞争力的养老服务产业集群和1个安徽省互联互通的虚拟智能养老院。

三是发展环境更加优化。市场化推进养老服务业发展的政策法规建立健全，行业标准科学规范，监管机制更加完善，信息技术有效应用，服务质量明显提高。全社会积极应对人口老龄化意识显著增强，支持和参与市场化养老服务业发展的氛围更加浓厚。

安徽省以市场化促进养老服务产业化的具体目标：

鼓励企业采取新建、改扩建、并购等多种形式，积极参与安徽省养老服务体系建设。到 2015 年，养老服务市场化率 70% 以上，安徽省初步形成以企业为主体，居家为基础、社区为依托、产业集群为支撑，功能初具、规模适度、覆盖城乡的养老服务体系。

在城市，生活照料、医疗护理、精神慰藉、紧急救援等养老服务覆盖 60% 以上的居家老人，采取"公建民营""民办公助"等运作模式，70% 以上的社区设立企业化经营的社区为老服务站，80% 以上的街道设立企业化经营的为老社区服务中心。

在农村，80% 的建制村设立企业化经营的社区综合服务设施，80% 的乡镇设立企业化经营的为老服务功能设施的社区综合服务中心。养老服务产品更加丰富，市场机制不断完善，养老服务业持续健康发展。

省商务厅、财政厅、民政厅《安徽省以市场化促进养老服务产业化工作方案》初稿，2014 年 12 月。

关于发展思路。根据中央对安徽等 8 个省份开展以市场化方式发展养老服务产业试点的要求，结合安徽省实际及省财政、商务、民政等部门在这方面形成的调研成果，经进一步深化研究，概括如下：

一是探索完善新机制。根据国务院《关于加快发展养老服务业的若干意见》以及《关于促进健康服务业发展的若干意见》文件精神，贯彻落实中央在部分省开展试点工作、探索建立以市场化方式推进养老服务产业发展的新机制。

二是充分发挥财政资金的杠杆和放大效应。引导财政资金 4 倍以上的社会资金共同设立安徽省养老服务产业化基金，投向居家、社区、大众化的健康养老服务，采取规模化建设、标准化管理、集约化经营、理财式融资、滚动式开发的模式，养老服务产品更加丰富，市场机制不断完善，养老服务业持续健康发展。

三是谋划打造若干养老服务产业集群。根据安徽省新近出台的关于加快打造战略性新兴产业集群基地建设的政策要求，结合"十三五"时期安徽省产业集群基地发展的规划，谋划打造若干养老服务产业集群。应按照因地制宜、统筹规划的原则，整合各类有效资源，优化养老设施空间布局，以合肥省会城市产业基地为依托，立足合芜蚌自主创新综合配套改革试验区和皖江城市带，从人口、资源、环境的客观情况出发，打造若干养老产业集群区域板块，实施品牌战略，提高创新能力，形成一批产业链长、覆盖领域广、经济社会效益显著的安徽养老产业集群。

四是坚持走项目化带动之路。采取目标任务项目化的办法，由基金管理公司围绕目标任务面向全社会征集项目，各地商务部门向基金公司推荐成熟项目，基金公司建立安徽省养老服务产业项目储备库，按照一整套完善的流程体现，包括项目开发、尽职调查程序、投资决策工具的应用、投资方案设计、项目决策程序、投后管理程序、项目退出策略等，最大限度地使基金降低和控制投资风险，在完成目标任务的前提下有效地提高投资回报。商务、财政部门加强对项目的定期监管，进行跟踪问效。

（三）尽快建立和启动省养老服务产业投资基金

为落实党中央、国务院关于加快发展养老服务业有关要求，探索以社会化、市场化、商业化方式支持养老服务产业发展的长效机制，安徽省根据财政部办公厅、商务部办公厅《关于开展以市场化方式发展养老服务产业试点的通知》等规定，结合安徽省实际，制订了《安徽省养老服务产业投资基金设立方案》（以下简称《方案》）、《安徽省养老服务产业投资基金管理暂行办法》（以下简称《管理暂行办法》），这是推进市场化方式发展养老服务业的关键之举、明智之举。鉴于《方案》和《管理暂行办法》已经比较完善，这里就不再重复已有内容条款，仅就如何完善基金运行机制、充分发挥财政资金的杠杆和放大效应做一些补充建议。

一是要注意理顺四大关系。就是要理顺政府与市场的关系；理顺事业与产业的关系；理顺当前与长远的关系；理顺中央与地方的关系。

二是注意确定运作思路。要采取"政府引导、社会参与、市场运作、专业管理"的基金管理模式，重点发挥政府财政资金的撬动作用，发挥社会资本的主体作用。在整个过程中，政府不直接参与基金运作，委托专业化管理团队进行基金管理。其中，政府引导，就是基金由省财政厅设立发起，以股权方式投入设立基金管理公司，资金来源由财政安排。政府设立的基金应是非营利性，重点在于放大资金的效应，撬动社会资本，引导资金投向安徽省的健康养老服务业领域。社会参与，就是强调在募集资金时给予社会资本优先级回报，以较好的固定回报收益以及完善的资本退出机制吸引社会资本进入，促进社会资本、民间资本对健康养老服务业的投入力度。市场运作，就是强调基金完全按市场化运作模式机动灵活地投资。同时通过契约形式，由优先级投资人与普通级投资人通过协商采用补偿、回购、共同承担风险等方式增加投资者信心，这也符合PPP模式中公私合作利益共享、风险分担的核心要件。专业管理，就是强调政府、社会资本均不参与基金运作，而是采取市场化手段，委托专业的基金管理团队进行投资管理。基金管理团队在投资管理过程中通过复杂而科学的投资管理技巧，保证投资者在承担一定风险的前提下获得更多的收益。

三是注意优化运作模式。可以探索实施以下模式："筑巢引凤"模式，就是基金管理公司通过向社会招募基金管理团队来进行投资管理，省财政本身不参与基金投资管理，主要是搭建好平台、整合各类资源要素，撬动多元化社会资本，打造全覆盖性健康养老服务产业集群；"借船出海"模式，就是依托资本募集投资，由基金管理公司负责发起筹措"养老服务业发展基金"，主要可分为普通级募集资金和优先级募集资金两大块；"利益捆绑"模式，就是投资各方在基金运作中都遵循利益共享、风险共担的原则，保证资本能进能退。

（四）破解土地制约"瓶颈"

以切实保障养老机构用地为目标，落实社会力量办养老机构建设用地优惠政策，对民间资本参与投资并列入重大产业库的示范项目，按规定给予计划奖励；优先优惠供应养老机构建设用地，鼓励社会力量对闲置的医院、学校、企业、商业设施、农村集体房屋等其他可利用的社会资源，进行整合改造用于养老服务。[①] 沈昕、凌宏彬曾就这一问题进行专门研究，提出了一些有价值的具体建议，作为对以上建议的细化和补充。

---

① 安徽省社会保障研究会联合课题组，《加大扶持政策落实力度加快安徽省养老服务业发展研究》，2014 年 12 月。

创新方式破解养老服务业发展"用地难":

纳入用地规划，创新用地"裸拍"和抵押方式，进一步解决养老服务用地难问题

将养老服务用地纳入年度总体用地规划。按照人均用地不少于0.2平方米的标准，分区分级规划设置养老服务设施。

社会资本兴办的非营利性养老机构应享有与公办养老机构相同的土地使用政策。营利性养老机构建设用地可参照成本逼近法或收益还原法进行地价评估后，采取租赁或招拍挂出让方式供地。建议通过采取不设竞买资格条件的招拍挂公开方式（"裸拍"）方式为社会资本进入民生项目提供公开、公正、公平以及高效的运作方式。

鼓励农村集体经济组织利用集体建设用地为内部成员兴办养老服务设施。民间资本举办的非营利性养老机构与政府举办的养老机构可以依法使用农民集体所有的土地。

鼓励盘活存量用地用于养老服务设施建设。对城镇现有空置的厂房、学校、社区用房等进行改造和利用，兴办养老服务机构。经规划批准临时改变建筑使用功能从事非营利性养老服务且连续经营一年以上的，五年内可不增收土地年租或土地收益差价，土地使用性质也可暂不作变更。可以将闲置的公益性用地调整为养老服务用地。对于规划好的养老服务用地，不得改变规划确定的用途。

允许养老服务用地利用土地使用权抵押融资。对于使用租赁土地兴办的非营利性养老服务机构在达到规定的相

应的床位数之后，可以通过限制从事养老服务最短发展年限的方式，由政府出台相应的政策，在抵押贷款方面给予一定的优惠政策，建议给予其利用土地使用权进行抵押贷款的机会。

加大已有政策的督促落地力度。符合规定应当划拨的有关养老服务用地，授权省民政厅、老龄办等相关部门依照省委省政府的文件，督促兑现，通过报纸、网络等多种媒体多种形式反馈各地养老服务用地结果。

安徽省社会保障研究会联合课题组，《加大扶持政策落实力度　加快安徽省养老服务业发展研究》，2014年12月。

- ▶

◀ -

黑龙江利用停建的"楼堂馆所"开展养老服务项目：

日前，该省梳理出包括停建、停用的"楼堂馆所"在内的275处政府闲置资产和公共接待资源，按机构养老、老年宜居房地产、医养结合转制型三类编制成招商引资推介目录，为养老服务业招商引资提供"硬件"基础。

安徽省社会保障研究会联合课题组，《加大扶持政策落实力度　加快安徽省养老服务业发展研究》，2014年12月。

- ▶

（五）推进智慧医养护一体化发展

依托智慧城市建设整合社会资源，借助人口大数据库，支持面向个人、家庭、老年人的公共服务，实现跨部门的新型特色服务，推进医养护一体化发展。开展家庭型、日托型和机构型医养护一体化服务。建立分级诊疗模式。合理推进存量医疗资源向养老、养生领域转型，鼓励养老服务机构加强医疗服务能力。适时适量地将闲置或低效运转的医院、服务站转型成为养老养生机构，形成规模适宜、功能互补、安全便捷的健康养老、养生服务网络。加大对专业护理型养老机构的政策优惠力度，鼓励养老机构取得医疗服务资质。对社会力量兴办的养老机构内部设置的已取得执业许可证的医疗机构，如申请医疗保险定点，在符合同等条件情况下给予优先审批，护理院、康复医院以及民办养老机构内设的已取得执业许可证的医疗机构，如申请医疗保险定点，在符合同等条件情况下给予优先审批，护理院、康复医院以及民办养老机构内设的管理和卫生技术人员，在科研立项、继续教育、职称评定等方面享受与公立医疗机构专业技术人员同等待遇。① 最后需要补充的是，2015 年 1 月 22 日，中国老龄产业协会和华龄涉老智能科技产业发展中心共同发布《全国智能化养老实验基地智能化系统技术导则》。该技术导则与此前发布的《全国智能化养老实验基地规划建设基本要求》共同形成我国智能化养老系列标准规范。智能化养老实验基地系列标准的发布，不仅对即将建设和已验收合格的老年社区、老年公寓等养老机构和老年服务设施提供了指导意见，还为综

---

① 安徽省社会保障研究会联合课题组，《加大扶持政策落实力度　加快安徽省养老服务业发展研究》，2014 年 12 月。

合部署智能养老居住建筑和配套设施建设提供了参考标准，将有助于提高安徽省养老服务智能化水平，加快推进养老服务方式的现代化进程。①

（六）破解养老服务业发展中资金难问题

一是进一步加大财税支持力度。在财政支持方面，除设立专门的投资基金外，还要加大财政投入和资金扶持力度。建立财政投入增长机制，建立随 GDP 或财政收入的同步增长的刚性公共财政投入机制，将支持社会养老服务经费列入每年的财政预算，并在制度上予以明确规定。加大社会筹资力度，配套安排相应的建设和购买服务资金，支持民办养老服务发展，加快培育连锁化、规模化、集团化的养老服务机构。在落实税费优惠政策方面，要鼓励有条件的养老服务机构兼并重组、做大做强，民办非营利性养老机构依法享有与公办养老机构同等的税费优惠政策；公益性捐赠支出在计算所得税时按规定扣除；民办非营利性养老服务机构收费标准实行政府指导价，营利性养老服务机构收费标准由其自主确定。建立省级养老服务产业化专项资金，鼓励和引导企业参与安徽省养老服务体系建设，促进养老服务产业化发展。专项资金主要用于以下方向：对企业新建、改扩建符合标准的养老服务网点给予一次性建设补助和日常运营

---

① 省卫计委　安徽省委政研室调研组，《安徽养老产业发展现状与对策建议》，中共安徽省委政策研究室《专报材料》，2014 年 12 月 22 日。

年度补助，对其从银行等金融网点贷款建设的给予一定比例的贴息补助；鼓励企业化经营的养老服务网点创建市、县及社区级示范性养老服务网点。原则上，经验收符合市级、县级、社区级示范养老网点标准的，分别给予 400 万元、200 万元、100 万元的奖励。对企业化运营的养老服务平台给予一次性建设补助和年度运营补助。[1]

二是创新融资方式。首先建立健全评估体系。逐步消除营利、非营利性养老机构金融支持政策的差异化，以公平、公正、社会效益为导向，建立公开、公平、规范的养老机构准入制度和考核评估体系。其次建立对金融机构的补贴激励机制。最后完善担保保险机制。

尽快出台金融支持养老服务业政策：

建议银监部门尽快出台金融支持养老服务业的实施意见；建议鼓励地方积极探索，破解影响信贷投入的瓶颈，设立清晰的投融资主体，以地方财政收入和土地出让收入为担保，定向、规范、批量地获得信贷支持，加快政府公办养老机构建设，并通过公建民营等方式，鼓励社会力量运营；出台民营养老机构贷款贴息管理办法，建立养老机构贷款风险基金，鼓励担保公司为养老服务机构进行融资担保，提高银行机构支持养老机构建设的积极性；尽快出台养老产业用地管理办法，督促兑现财政奖励政策，完善

---

[1] 安徽省社会保障研究会联合课题组，《加大扶持政策落实力度　加快安徽省养老服务业发展研究》，2014 年 12 月。

养老机构会计制度设计，加强养老机构监督管理，为银行信贷资金打好基础。

省卫计委、省委政研室调研组，《安徽养老产业发展现状与对策建议》，中共安徽省委政策研究室《专报材料》，2014年12月22日。

------------------------▶

（七）进一步繁荣养老服务消费市场

一是拓展养老服务内容。积极引导养老服务企业和机构优先满足老年人基本服务需求，鼓励和引导相关行业积极拓展适合老年人特点的文化娱乐、体育健身、休闲旅游、健康服务、精神慰藉、法律维权等服务。加强对残障老年人专业化服务。

二是开发老年产品用品。围绕适合老年人的衣、食、住、行、医、文化娱乐等需要，支持企业积极开发安全有效的康复辅具、食品药品、服装服饰等老年用品用具和服务产品，引导商场、超市、批发市场设立老年用品专区专柜，鼓励有条件的地区建立老年用品一条街或专业交易市场。支持建立老年用品网络交易平台，发展老年电子商务。鼓励开发老年住宅、老年公寓等老年生活设施。引导和规范商业银行、保险公司、证券公司等金融机构开发适合老年人的理财、信贷、保险等产品。

三是扶持老年社区和老年地产建设。鼓励社会力量参与老年住宅、老年公寓等老年生活设施建设，各地要保障其合理用地，在收取城市基础设施配套费等方面给予适当优惠，其配套的养老护理机构独立登记后享受相应的扶持政策，对老年地产涉及的物业开发、持续运营、护理服务、市场培育、资本运作等方面，给予福利引导。

四是加强市场监管。省商务、财政部门健全养老服务行业规范和行业准入、退出机制，逐步完善养老服务业行业标准，强化对养老机构的服务范围、服务质量和服务收费情况的日常监督和年审。建立养老服务业定价机制和考核机制，探索建立养老服务业定价机制，规范养老服务收费行为。量化养老服务业发展目标，制定科学合理的考核机制。

（八）加强养老服务产业培训和标准体系建设

开辟养老服务培训基地。实行养老护理员职业准入制度，建立养老护理员分层级和强制性职业资格培训体系。推行养老护理职业资格论证制度，鼓励家政服务公司和培训机构积极开展养老服务培训。建立养老服务标准化管理和等级评估监督制度，引入专业服务质量评估体系，建立科学的人力资源管理制度，提升养老网点管理和服务水平。建立养老网点意外伤害责任保险制度，构建养老服务行业风险合理分担机制。建立科学合理的价格形成机制，规范服务收费项目和标准。

（九）推进养老服务的信息化发展

建立银发信息数据库，建设安徽省养老服务平台和银发紧急呼叫中心。银发信息数据库以城乡 60 岁以上的老人为统计对象，以社区为网格单元，与医院数据、社保和医保数据对接，建立包括老人姓名、身份证、原工作单位、社保账号、医保账号、家庭情况（含子女）、健康情况、病史、服用药物、爱好等全面信息的数据库；银发呼叫中心与银行产业信息库对接并与电信、联通、移动等运营商开展合作，在老人中推广使用植入 GPS 卫星定位、来电识别功能的老人手机，对来电需求进行一对一的服务和处理；养老服务平台将家政服务公司、社区的养老网点、街道居家养老服务中心、社区日间照料服务中心、各类养老服务单位、120 以及各服务单位的家政员、护理员的姓名、家庭、学习情况、资格证书、从业经历、信用记录等资源进行整合，与银发信息数据库、银发呼叫中心相连接，实现网上养老服务供需无缝对接，扩大养老服务消费，提升老年人的生活质量。

（十）加快养老服务业人才队伍建设

一是加强现有人员的培训。将养老服务人员的培训纳入政府购买服务内容，委托专业机构，列出培训计划，强制使其服务能力达到从业标准。建立行业从业人员准入制度，达不到标准的，实行淘汰[①]。

二是加大高校的人才培养力度。支持高等院校和中等职

---

① 省政协提案：胡邦明《关于进一步完善养老服务业发展政策体系的建议》，2015 - 1 - 13。

业学校开设养老护理和管理相关学科专业，引导高校合理确定相关专业人才培养规模，加快培养养老护理员、养老机构管理员等从业人员，加快培养照护康复、养生保健、体育健身等专业技能人才，提供职业培训和创业辅导①。支持高校和中职学校、技工院校拓展人才培养渠道，创新人才培养模式，推进"3＋2"、五年一贯制等中高职一体化人才培养。依托大专院校和养老服务机构等，建立养老护理人员培训基地②。

三是鼓励引导高校等机构的养老服务专业毕业生到养老服务机构就业，实现机构人才和学校教育无缝对接。上述专业方向的毕业生进入非营利养老服务机构就业满5年后，对从事养老护理工作的毕业生给予补贴。如对口专业毕业生在养老机构从事养老护理工作满3年的，给予全额学费补助；工作满5年并取得相应职业资格证书的人员，给予不少于3万元的一次性奖励等③。加强在岗培训，对参加养老护理职业培训和职业技能鉴定的从业人员给予补贴④。

四是提高养老服务从业人员的薪酬待遇。以建立吸引并稳定养老服务专业人才的长效机制为目标，建议人力社保、民政部门每年定期向社会公布当地护理人员职位工资指导价格，督促指导民办养老服务机构落实护理人员待遇。对专业技术人才和业务骨干，在工资、福利、劳保、职称等方

---

①④　省卫计委、省委政研室调研组，《安徽养老产业发展现状与对策建议》，中共安徽省委政策研究室《专报材料》，2014年12月22日。
②③　安徽省社会保障研究会联合课题组，《加大扶持政策落实力度　加快安徽省养老服务业发展研究》，2014年12月。

面，实现与公立医院同等待遇①。对从事养老管理、护理岗位的专业人员，给予财政奖励补助。学生到养老机构实习实训，给予实习实训补贴，鼓励养老机构引进社会工作人才。②

课题指导：张　南　张文达　侯世标
　　　　　严方才　辛朝惠
课题组组长：沈　昕
课题组成员：凌宏彬　丁胡送　牛　津　齐丽媛
　　　　　　卢子怡　杨　洋　曹亚青

① 安徽省社会保障研究会联合课题组，《加大扶持政策落实力度　加快安徽省养老服务业发展研究》，2014 年 12 月。
② 省卫计委、省委政研室调研组，《安徽养老产业发展现状与对策建议》，中共安徽省委政策研究室《专报材料》，2014 年 12 月 22 日。

安徽省健康小镇康养
产业发展对策研究

在步入老龄化社会的今天，加快康养产业发展已上升为国家战略，成为国家发展的宏伟目标之一。为认真贯彻落实党的十九大精神和习近平总书记在全国卫生与健康大会上的讲话精神，加快安徽康养产业发展、增强人民康养意识、提升百姓幸福指数、深入推进"健康安徽"建设、为"五大发展美好安徽"建设提供有力支撑、实现扶贫攻坚目标、决胜全面建成小康社会、不断增强人民群众的获得感，省社会保障研究会与省健康文化旅游产业促进会组成联合课题组赴芜湖、宣城等地健康小镇实地调研康养产业，概括了安徽省健康小镇康养产业发展现状、主要特色以及存在的主要问题，在借鉴国内外健康小镇康养产业发展典型案例及经验基础上，提出了关于完善安徽省健康小镇康养产业政策支撑体系的对策建议。

一、安徽省健康小镇康养产业发展现状及主要特色

在"健康中国"战略背景下，以康养产业为主要产业的小镇（简称健康小镇）迎来黄金发展期。康养产业作为健康小镇的经济核心和产业支撑，是具有巨大发展潜力的朝阳产业，也必将成为国民经济的支柱性产业。近年来，省委、省政府先后颁布实施一系列推进"健康安徽"建设的发展规划与具体措施，进一步推动安徽省健康小镇建设。

（一）安徽省健康小镇康养产业发展现状

目前，安徽省健康小镇康养产业已从筹备摸索期进入起步加速期。主要体现在以下几个方面。

一是产业发展规模逐步扩大。2018 年，安徽省首批"健康小镇"累计实现产值 85.6 亿元，创造利润 18.7 亿元。健康小镇康养产业建设正逐步向规范化、制度化和特色化推进。以医疗健康、养老养生为重心的消费需求迅速增长，带动了诸多康养关联行业的发展，安徽省健康小镇的医疗、旅游、体育、养老、文化、教育、餐饮等行业产值皆出现了大幅度增长，整个康养产业规模正在逐步扩大。如芜湖珩琅山玫瑰谷健康小镇充分发挥自身的教育资源优势，打

造特色生态教育小镇。2018 年，该小镇接待游客达到 70 万人次，其中研学游的规模就已达到 50 万人次，占比高达 71.4% 。作为康养产业的重要组成部分，中医药产业发展势头迅猛。以六安市 6 家健康小镇为例，仅涉及中药材生产加工销售的企业就有 40 家，其中，年销售额 5000 万元以下企业达 35 家，5000 万元至 5 亿元企业 5 家，中药材产值突破 20 亿元，中药材产业从业人员近 30 万人。

二是产业链不断优化升级。从产业链视角看，康养产业是围绕群众身心健康所需的产品和服务而形成的研发、生产与服务市场的产业群。以健康小镇建设为契机，安徽省康养产业蓬勃发展，打破了各相关行业关联度不高的"松散型"发展模式，加快推进了多元化、多层次的康养产业链的形成。截至 2018 年底，芜湖市拥有 2 家健康小镇，围绕"医""养""健""管""服"的康养产业体系，基本形成以生物制药为重点的健康医药产业，以大数据为支撑的健康医疗产业，以避暑度假为重点的健康养生产业，以医养结合为重点的健康养老产业，以山地户外运动和水上运动为重点的健康运动产业，健康药食材种植和农旅结合的健康休闲养生产业。

三是产业集聚效益日益凸显。依托健康小镇的特色生态资源禀赋和产业基础，通过区域合作和关联产业的耦合协同，研发、生产、流通及消费各个环节的联系变得更加紧密，强化了产业集聚效益。如旌德县旌阳镇将建设产业园作为发展康养产业的典型形式和有效途径。篁嘉经济开发区仅 1.2 平方千米，以围绕康养主线，集聚了黄山云乐灵芝有限公司、中科院微生物研究所灵芝工程技术研究中心等众多企业及研发机构，涵盖生物医药、中药保健、健康食品、健康用品、医疗器械等，延伸至健康服务、健康旅游等健康产业，形成了以灵芝及相关产品种植研发、检测检验、生产销售、产品交易的产业集聚区，形成了产业发展新优势。

四是产业融合趋势逐渐明显。作为跨行业、跨领域的新兴产业，康养产业是健康养生与旅游产业、现代休闲农业、新兴工业等的融合体，涉及一二三产业。在"大康养"的概念下，安徽省的健康小镇以康养为核心，正在加速整合各类资源，构建"康养 + 农业""康养 + 工业""康养 + 医疗""康养 + 服务"等在内的大康养产业发展模式，有力促进了产业间相互渗透、相互交叉的融合发展。如砀山县酥梨小镇的"健康种植 + 养生"，霍山县太平畈小镇的"健康养殖 + 旅游"，青阳县九华运动休闲小镇的"运动健身 + 养老 + 观光"等产业关联模式，进一步提升了健康小镇的竞争力。其中，众多产业融合形态中，康养与旅游的融合尤为突出。许多小镇依托本地丰富的自然资源，重点建设养生养老、休闲旅游、生态种植等健康产业，以产业资源为引导，以旅游业态为载体，强化康养旅游地产异地养老的功能，实现康养与旅游的进一步融合。如池州市杏花村诗意田园小镇将大健康产业业态与文旅业态整合，小镇规划建设"五区""一心"，将健康、养生、养老、休闲、旅游等多元化功能融为一体。"五区"为文化旅游区、度假区、中医药文化康养区、生态农业田园度假旅游区、养生文化旅游区；"一心"为小镇综合服务中心。2017 年杏花村诗意田园小镇已累计接待游客 120 万人次，旅游收入达 1.2 亿元。

五是产业依托平台愈加坚实。健康小镇是康养产业融合发展的优质载体，为构建科学合理的康养产业发展体系和空间布局提供了有力的平台支撑。土地、财税、人才等政策制度为推进康养产业有序发展提供了政策保障，富有区域特色的生态环境和相对完善的基础设施为其提供了资源条件和物质保障，使康养产业发展更有后劲和动力，体现出发展的整体性、连续性与统筹性。为打造旌阳镇和三溪骑行小镇，形成规划有序、设施完善、绿色开放的健康小镇新格局，旌德县建立多部门相互配合、联动协调机制，先后出台《健康制造产业集聚发展基地创建工程实施方案》《旌德县健康制造产业发展基金管理试行办法》等引领性文件。在基础配套设施建设上，实施了总造价约 1.75 亿元的 S217 线西迁改建工程、总投资约 8400 万元的前茅山片区灵芝公园和总造价约 8000 万元的和平路西延工程等项目。基础设施的全面开工建设和专项政策资金的投入，大大促进了康养产业的融合发展。

（二）安徽省健康小镇康养产业主要特色

安徽省自然和人文资源丰富，是全国旅游资源最丰富的省份之一。安徽省文化源远流长，名胜古迹甚多，拥有著名的徽州文化、淮河文化、老庄文化、古运河文化等。丰富的自然资源和人文资源为健康小镇康养产业发展提供了重要依托。

一是依托独特的自然资源。安徽省健康小镇自然资源丰富、气候宜人，宜居、宜养、宜游、宜业。丰富的水资源、森林植被、动植物资源以及矿产资源，都为发展康养产业提供了较好的资源基础。依托本地域特色资源发展康养产业，是安徽省健康小镇康养产业发展的重要特色之一，如温泉小镇、运动小镇、养殖小镇等。霍山县上土市镇的温泉资源丰富，温泉中富含锶元素，对人体健康极其有利。上土市温泉小镇依托独特的温泉资源，形成了集旅游、休闲、度假、娱乐、运动、养生、养老为一体的高端生态旅游度假区。阜阳市颍州区中原花都·芳香小镇，利用当地土壤资源优势，以名花特花研发培育为核心产业，以特色花卉种苗培育为主导产业，发展与花卉相关联的上下游产业。作为安徽省第一批健康小镇，"养生慢城"旌阳镇有效实现了自然资源禀赋予康养产业融合。在自然资源基础上，着力打造特色的康养产业。其中，健康农业围绕中草药的种植展开；健康制造业是健康农业的产业延伸，围绕生物制药、医疗器械等产业展开；健康服务业在中草药种植和丰富旅游资源的基础上，发展健康养老、休闲旅游、中医药健康服务等产业。

二是利用丰富的人文资源。安徽省健康小镇拥有丰富且源远流长的人文资源，境内名胜古迹甚多。依托本地域内独特的文化资源打造特色产业，建设适宜康养的健康小镇也是康养产业的重要特色。如青阳县朱备镇以历史文化、生态文化和传统文化著称，境内名胜古迹众多，文化底蕴深厚。该镇主打文化养生主题，围绕特色文化，发展康养产业，延伸文化旅游休闲产业链，开展多元旅游休闲体验项目。八公山豆腐小镇所在地，是世界第一块豆腐诞生地，国家非物质文化遗产八公山豆腐传统制作技艺已在此传承 2000 多年，拥有中国豆腐主题文化园、中国豆腐村、中国豆腐文化体验馆、豆腐食谱等众多文化旅游资源。小镇依托豆腐发源地资源优势，以豆腐系列食品生产加工向豆腐文化旅游融合发展为导向，以"豆腐 +"为产业拓展渠道，打造文旅融合的国际豆腐文化小镇。

三是产业融资模式多样化。资金是康养产业发展的重要保障。目前康养产业的资金主要来源于企业投资、政府资金、农发行的贷款和吸收社会资本。不同的地区由于自身产业条件差异，融资模式呈现多样化的特点。如琅琊山玫瑰谷康养产业前期投资主要来源于企业，后期规划主要通过融合社会资本。根据规划，琅琊山玫瑰谷 10 年内总投资 20 亿元，其中 1 亿元由月上西河投资公司出资，4 亿元由农业发展银行贷款，15 亿元通过招商等形式募集社会资本。旌阳健康小镇康养产业发展则按照政府引导、市场主导的原则，通过政府担保 + PPP、国投资本广泛吸引社会资本参与等形式进行市场化运行；在财政支持方面，镇财政列出专项创建工作经费，积极向上争取项目资金，申请农发行人居环境建设相关项目配套支持。

二、安徽省健康小镇康养产业存在的主要问题

目前，安徽省健康小镇建设尚处在起步阶段，康养产业发展还存在一些尚需解决的问题。

（一）产业政策体系不完善

与其他地方相比，安徽省健康小镇康养产业发展的配套政策体系还需不断完善，包括土地、财政、税收、金融、人才等政策方面。在用地指标方面，重庆市专项下达特色小镇示范点建设用地计划指标，福建省国土厅对每个特色小镇安排 100 亩用地指标。与周边省市相比，安徽省尚缺少对健康小镇建设用地计划指标方面的倾斜与支持。在财政支持方面，浙江省在特色小镇创建期间和验收命名后，其规划空间范围内的新增财政收入部分上交安徽省财政，前 3 年全额返还，后 2 年返还一半给当地财政。与浙江相比，安徽省还没有对健康小镇财政收入返还方面的政策支持。

（二）产业发展资金短缺

缺少资金是健康小镇创建中普遍存在的问题。康养产业

在建设的初期阶段，有大量的基础建设和产业项目投入，这些建设回报率低，建设周期长，需要较多的资金支持。目前资金主要来自企业投资，政府支持较少，同时吸收社会资本的能力也较弱。相应的金融支持政策等不够完善，甚至缺乏。同时在融资发展过程中有的相关康养类企业贪大求全，应避免融资风险出现。

（三）产业人才集聚较难

目前在康养产业发展中存在一些困难，影响了产业人才的聚集。如健康小镇工作环境较为艰苦，产业前期建设收益率很低，收入较低，社会认知度不高，影响就职意愿等。如旌阳镇缺少医养专业研究和服务团队、生物医药领域的产业工人等。同时，康养产业对于养老服务人才也有较大需求，特别是老年护理、康复、营养、心理、社会工作等方面的人才需求缺口较大。珩琅山玫瑰谷小镇也同样面临吸引人才难、留住人才难的困境。

（四）产业融合不足

健康小镇康养产业不同产业形态之间的相互交叉、相互渗透以及相互促进等环节融合不足，充分融合还有较多的发展空间。一方面表现为不同产业形态之间的关联度不够，脱离自身产业优势和特色，发展具有较高同质化的养老服务业和旅游产业，产业市场竞争力不足；另一方面表现为健康制造业和健康服务的产业贡献率较低，产业增加值不高，造成整个康养产业缺少发展动力和后劲。

（五）产业链延伸不够

目前健康小镇康养产业特色不够鲜明，表现为康养元素不突出，旅游、景观元素过于凸显；产业同质化明显；产品的形象和品牌缺少社会认知度和市场竞争力。造成这些问题的主要原因之一是健康小镇康养产业链延伸不够。在产业链延伸方面，未能充分挖掘本地域的优势和特色，没有在吃、住、行、娱、乐、游、医、养、闲等产业链上深度挖掘延伸空间。

（六）产业考核机制缺少

健康小镇在申报过程中都会对本地的康养产业进行较为明确的建设规划和时间安排，但是在实际建设过程中却缺少一个操作性较强，比较系统、完整和科学的指标体系，以及对康养产业发展进行阶段性、动态性的考核机制。同时在政策层面上也没有明确考核主体和相应的手段，健康小镇康养产业发展缺少相应的监督机制。相关行业协会也未能充分参与康养产业发展评价、考核标准的制定以及考核过程，未能充分发挥行业协会的功能作用。

三、国内外健康小镇康养产业发展经验

目前，世界上很多国家已把健康产业上升为国家战略，从国家层面不断推进和实施康养产业促进行动，不断发展康养产业。如美国的《健康人民 2020 规划》、欧盟的《欧盟成员国公共健康促进行动规划》、日本的《健康日本 21 国家健康促进行动规划》、我国的《"健康中国 2030"规划纲要》。我国《"健康中国 2030"规划纲要》中指出，应积极促进健康与养老、旅游、互联网、健身休闲、食品融合，催生健康新产业、新业态、新模式，这为我国康养产业发展带来重大战略机遇，提供了良好的政策环境。我国还先后出台了《关于加快发展养老服务业的若干意见》《关于促进健康服务业发展的若干意见》《关于促进旅游业改革发展的若干意见》等指导性文件，逐步形成了国家促进康养产业发展的顶层设计。

（一）国外健康小镇康养产业发展的经验

一是推动康养旅游融合化发展。康养与旅游的有机融合，推动了以健康产业为主的特色小镇的发展。德国巴德克罗钦根小镇是德国西南部黑森林地区的疗养胜地，占地面积 35.66 平方千米，共有 6 个公园，包括 1 个总面积约为 40

公顷的疗养公园；拥有着悠久的温泉传统，高浓度碳酸矿物温泉水具有让人放松身心、促进新陈代谢的功能，是疗养与康复措施中的重要组成部分，该温泉养生中心是这座康养小镇的核心；该小镇拥有诸多温泉疗养专业医生、全科医生，专科医院、理疗诊所、康复医院、睡眠中心、护理院以及其他相关健康服务机构，可以为客人提供全面的康养服务；该小镇的疗养公园中不定期举办的露天音乐会、演唱会、灯光节等活动，不仅为前来疗养的客人提供休闲娱乐，也让当地人获得文化体验。法国依云小镇位于上萨瓦省北部的艾维昂勒邦，从初期的疗养胜地演变为以水主题的养生度假胜地，最后蝶变为集聚旅游度假、运动、商务会议等多功能的综合型养生度假区；该小镇现已经成为会议之都，主要布局为滨湖地带建设旅游休闲集中区，腹地小镇中心和度假服务区提供度假和居住的服务配套，形成四季皆宜的养生度假区；该小镇已成为欧洲极具代表性的文旅小镇，是欧洲人休闲度假、夏天疗养、冬天滑雪泡温泉的最佳胜地。

二是突出康养产业特色。健康小镇康养产业应该是以健康为主的，主要是养老产业、休闲农业产业、度假休闲产业、健康食品产业、体育产业等。如日本静冈医养小镇就是以医疗旅游目的地为主要特征，以癌症药品供给和患者疗养康复为主要特色。日本静冈医养小镇是日本养老产业比较成功的典范，是医养结合、高效服务的标杆案例。该小镇经近20年发展，逐渐形成以健康、医疗、生物试验、保养、休闲、度假为一体的新型健康基地。静冈医养小镇除了打造以静冈癌症中心医院为核心，形成以药品临床试验、新药引进研发、药品生产供应为一体的医药产业链外，凭借着依山靠海的资源优势，为老人、患者以及游客提供独特的休养生活方式以及完善的医疗康复，实现了"医""养""游"的有效结合，将患者的养疗康复、老人的情感需求以及游客的观光体验融入日常生活中，形成一种来了就不想离开的健康欢乐之行。

（二）国内健康小镇康养产业发展的经验

健康小镇是一个生产、生活、生态"三生融合"的空间，虽然国内多数健康小镇以旅游为主要功能形态，但其最终是"小镇"，因此，如何建立集产业、度假、生活为一体的生态循环体系，形成产业带动度假、度假丰富生活、生活推动产业发展的模式，就成为健康小镇运营的秘诀。

一是加强小镇硬件设施建设。健康小镇不同于一般的小镇，对产业支撑性很强，拥有配套齐全的基础设施和管理服务功能。硬件设施是健康小镇康养产业运营发展的基础，包含自然资源和基础设施。自然资源方面不仅要有广阔的林地，还需要有多样性的自然资源，如森林、花园、农田、果园草地等，以满足不同游客或患者的不同需求。基础设施方面包括酒店、步道、展览馆、各类活动中心、活动教室，还包括交通基础设施，以增强健康小镇康养产业的可利用性。

东山健康小镇位于广东省梅州市中心城区，东北面黄坑村，西连百岁山、南邻芹洋半岛和梅江河，总规划面积 400 公顷，投资 50 亿元。东山健康小镇依托山水生态优势，以及自身的医疗技术和科研力量，大力发展健康产业，以南药科研为核心，集东山医院、南药生物科技研发孵化基地、免疫细胞组织库、养生养老社区、乡村康养度假区、客家南药文化展示区七大功能区于一体，联动周边优势资源，打造具有国际影响力、城市型的"健康医疗综合体"。按照集产业链、创新链、人才链、服务链于一体的理念，构筑特色小镇创新创业生态系统，促进产业、文化、社区和旅游融合发展，将特色小镇打造为"宜业、宜养、宜创、宜游、宜居"五位一体的新型发展空间。

二是集聚多类型康养关联产业。健康小镇依托良好的生态环境、气候条件、当地不同资源，结合市场需求特点，构建生态体验、度假养生、温泉水疗养生、森林养生、高山避暑养生、湖泊养生、矿物质养生、田园养生等养生业态，打造休闲农庄、养生度假区、养生谷、温泉度假区、生态酒店民宿等产品，形成生态养生健康小镇产业体系。桐庐健康小镇是浙江省最早从事健康产业的特色小镇，该镇始终坚持"绿水青山就是金山银山"的发展理念，紧紧围绕"生态为基、产业为王、项目为要"的目标，在桐庐山水最秀美的环境中，在健康城的核心区块，着重打造健康养生、生命科学、中医药保健、体育旅游休闲四大特色产业，切实做深"健康服务业＋"文章，绽放最绚烂的健康产业之花，以重大项目为带动,引领整个健康小镇阔步前行。健康养生养老、中医药保健、健康旅游、健康食品、医疗服务、健康管理等多类型关联产业的集聚,让小镇大健康的格局日趋清晰。

四、对策建议

在对安徽省旌阳健康小镇、珩琅山玫瑰谷健康小镇等实地调研基础上,针对安徽省健康小镇康养产业存在的主要问题,并借鉴国内外经验,我们提出以下对策建议。

(一) 加强康养产业引导和规划

根据"健康安徽2030"规划纲要及安徽省"十三五"卫生与健康规划,按照规划先行的原则,明确健康小镇中康养产业发展目标、发展路径、重点任务和保障措施,合理规划安徽省康养产业发展布局,引导市场主体投资康养产业领域。

一要牢固树立"绿水青山就是金山银山"的发展理念,坚持以青山绿水、田园风光、古建遗存、红色传统、乡土文化等为依托,将健康、养生、养老、休闲、旅游等多元化功能融为一体,加快编制和实施"康养小镇康养产业发展规划",科学规划、优化布局,统一规划设计出丰富多彩的红色革命传统教育、休闲度假、文化体验、旅游观光、养生养老、农耕体验、中药种植、智慧医疗、乡村手工艺等康养产业。

二要积极搭建康养产业发展平台。依托中科大、安医大、安中医大等高校、科研院所及各类重点实验室和工程中心等，加强源头创新和重点项目研发，建设一批高端医疗器械、生物制药等生产研发基地，形成与健康产业发展相配套的研发支撑体系。充分利用互联网发展健康产业，大力发展互联网医院，加快发展智慧健康养老、休闲旅游和康体养生服务业，建立运行康养产业综合服务网络，推动康养产业大数据应用。

三要加强行业管理和宣传推介。支持成立康养产业联盟和专业协会，实现行业自律和集聚发展。组建国际性康养产业专家指导团队和技术服务团队，推动产业国际化发展。筹划国家级、省级康养产业发展峰会、博览会、交易会，提高认知度，培育知名度，营造康养产业发展的良好社会氛围，打造安徽省康养产业整体形象。

（二）完善康养产业发展政策支持体系

有关部门应不断完善康养产业扶持政策以及土地供给、财政支持、投资融资、税收优惠、人才引进等方面的配套政策，并把这些政策完全纳入健康小镇支持体系。

一是加强土地统筹支撑。在城乡规划中要统筹考虑健康小镇康养产业发展需要，保障土地供给，专列用地计划，优先保障非营利性机构用地。同时，要借鉴合肥三瓜公社小镇建设经验，避免村镇大拆大建，注重保持原有农村肌理和脉络，保持乡土气息，留住乡愁记忆。

二是加大财政扶持力度。进一步整合各类专项资金，优化财政性资金支出结构，支持康养产业重点区域、重点企业基础设施、重大项目建设和技术研发、产品开发以及康养产业高端人才引进。

三是加大金融支持力度。设立康养产业发展基金，以市场化方式，由专业管理团队进行投资管理，支持健康小镇康养产业发展。强化政银企合作，引导各金融机构加大对康养产业贷款的额度，积极打造具有创新性、针对性的金融产品和服务，支持商业保险公司提供多样化、多层次、规范化的健康保险产品和服务。鼓励使用 PPP 模式、利用外资发展涉及公共服务领域的康养产业重点项目。建立以奖代补机制，对康养产业 PPP 项目落地的区、市、县进行奖励。

四是落实税收优惠政策。对认定为康养产业的新引进企业、外籍管理人员及高级专业技术人员进行相应奖励。积极落实康养产业领域相关企业或机构的水电气热等价格优惠政策，创新养老机构财政补贴方式。

五是引进和培养各类人才。在海内外大健康产业人才集聚城市设立人才工作站，逐步形成海内外大健康产业高端人才引进的长效机制。将健康小镇康养产业高层次人才纳入"安徽省创新创业领军人才特殊支持计划"，经认定符合条件的，可参照相关规定享受优惠政策。

（三）加大产业链延伸和融合力度

康养产业涉及养老、养生、医疗、文化、体育、旅游等业态。健康小镇要以"健康养生"为主题，围绕人们的衣食住行，将健康、养生、养老、休闲、旅游等多元化功能融为一体，形成宜业宜居宜游的特色小镇。

一要充分利用大数据、人工智能、虚拟现实等新兴技术推动健康养生与医疗、养老的融合发展，培育新兴健康养生消费热点。

二要充分发挥乡村各类物质与非物质资源富集的独特优势，利用"旅游＋""生态＋""医养＋"等模式，推进农业、林业与旅游、教育、文化、康养等产业深度融合。如依托庐江汤池、巢湖半汤、岳西等地温泉资源，发展"温泉＋特色产业"模式，如温泉酒店、温泉游泳馆、疗养体检中心等，建设集温泉养生、运动休闲、会议培训、健康体检于一体的温泉小镇。

三要应利用自然资源或人文资源，从休闲养老、民俗旅游、慢病疗养等角度单项突破，并延伸发展与康养相关的中药、养生、运动、有机农业等产业，实现"康养＋农业""康养＋工业""康养＋旅游""康养＋医疗""康养＋运动"等特色产业和康养产业融合互动局面，促进多元化、多层次、全链条的康养产业发展。

四要建立康养产业长三角内部的工作协调对接机制。融入长三角康养产业大型科学仪器协作共用网，推动安徽省与长三角地区大型科学仪器设备、文献数据资源共享共用，推动长三角城市间康养产业发展。拿出最好资源、集成最优政策，吸引长三角知名大学大院大所在安徽省设立康养专业分院分校、研发基地及联合办学，探索与长三角合作设立康养产业"创新飞地"，建立研发在外、落地在安徽的康养产业合作模式。

课题组组长：黄　刚　虞海宁
课题组成员：严方才　辛朝惠　程剑秋　吕向东
　　　　　　刘海峰　丁胡送　胡敬东　周　艳
　　　　　　徐晓燕　韩庭彦　易秋香

基于云计算的智慧养老
信息系统规划与设计

最近几年来我国老龄化趋势越发严重，人们对养老服务需求变得越发强烈，对养老服务的要求也在不断提高。从技术方面进行分析，可以发现传统的养老方式存在很多问题，不仅养老服务效率低，服务水平也比较差，而且传统养老服务已经不能满足社会各界对养老服务的要求，因此相关机构必须要应用新技术对养老服务模式进行优化，以便可以更好地应对老龄化对养老服务带来的挑战。

一、云计算模式下智慧养老信息系统构成

云计算其实属于一种新型网络应用概念，其具有集中、可拓展、灵活性好、可靠等优势。云计算可以对分散的数据资源进行整合，还可以营造良好的计算环境，同时

可以让每个使用互联网的人都能利用网络上的各种数据资源。根据云计算服务类型的差异，可以将其分为三种服务模式，一是软件即服务，二是平台即服务，三是基础设施即服务。这三种服务模式需要对应不同的平台：软件即服务对应应用层，平台即服务对应平台层，基础设施即服务对应基础设施层。

因为云计算平台分为三个层次，再结合智慧养老信息系统建立目的和协调相关利益相关者关系的需要，同时还要满足可视化要求，本文提出设计一个由五个层面、两个体系构成的智慧养老信息系统，下面针对这五个层面进行简单介绍。

（一）基础设施层

这一层面是整个智慧养老信息系统的根基，也是其技术硬件基础，不仅可以为该系统提供各项资源，还可以促使不同类型的数据实现协调传输，甚至可以让异构数据也能实现协调传输。这一层面是由多种基础设施构成的，其中比较重要的主要有北斗卫星网络、移动通信网络、云计算中心等，这些基础设施有着各自的作用，可以说是缺一不可。另外，为了给数据中心建设提供助力，也为了给通信网络建设提供保障，这一层面还需要配置能源系统，同时还要设置安全和环境系统。

（二）数据资源层

这一层在智慧养老信息系统当中占据重要位置，主要负责收集、整理各项数据信息，如老年人基本信息、地理空间信息、老年服务产业各种讯息等，而且还需要在此基础上建立能够为各类业务系统运行提供支持的业务信息仓库。这一层可以从政务数据资源中获取信息，也可以通过和系统包含的物联服务系统获得数据，还可以从第三方获得数据信息，如老年服务企业。

（三）服务平台层

这一层在智慧养老信息系统当中处于核心位置，主要负责为系统功能发挥作用以及提供服务提供助力，其具有的能力不仅仅体现在系统内部，在系统外部也可以发挥作用，如外部系统之间进行数据传递、整合大数据、分析大数据、筛选大数据等，此外还具备连接物联感知设备和终端的能力，还可以为两者之间进行信息传输提供助力，其应用范围也比较广，能够对很多领域提供服务，还具有多领域共性支撑能力，这种能力其实就是对服务共性进行归纳并进行统一展现。

（四） 应用系统层

这一层的主要作用就是响应各方业务需要并进行展现，同时对不同利益相关者之间的关系进行调节，还可以为用户提供他们需要的产品和各种服务。这一层的智慧养老服务主要有两种类型，分别是开放性服务和自营性服务，前者主要包括泛媒介云服务，后者主要包括物联系统云服务。面向智慧养老产业服务的业务主要有三种，一是用户分析，二是定向营销，三是渠道、用户共享；面向智慧养老事业的业务主要有三种，一是电子政务，二是移动办公，三是政策支撑。

（五） 交互展现层

这一层是智慧养老信息系统和用户进行交流互动的主要平台，也是展示不同利益相关者协同效果的场所，还可以为用户提供多种业务服务，而且这些业务服务可以在多种终端进行显示，用户和系统的交流互动也可以借助多种终端进行，如智能手机、计算机等。此外还可以构建泛媒介服务网络，这样第三方就可以接入进来，展示自己的涉老服务，而且这些服务和产品能够适应多种操作系统和多种显示形式。

二、基于云计算的智慧养老信息系统功能

根据老年人需要，基于云计算的智慧养老信息系统主要设计了三大功能，而且还提前留出了后续进行功能拓展的接口。下面就对这三种功能进行简单介绍。

（一）在线医保功能

该功能是智慧养老信息系统中最为重要的功能，由五个子功能构成，一是在线监护，二是在线问诊，三是历史数据查询，四是在线预约看诊，五是药物信息查询。其中，在线监护功能需要对传感器获得的老年人基本体征数据和各项标准数据进行对比，如果发现数据存在异常，就会激发安全警报功能，而且会将这些异常信息传输给相关医生和机构。

（二）社区服务功能

相关社区服务中心可以通过系统了解老年用户基本信息，并根据这些基本信息给用户发送一些提醒吃药、注意天气变化以及介绍养老产业情况、养老政策等方面的信息。老年用户可以通过各种网络终端接收、观看这些信息。社区服务人员如果和用户建立了服务关系就可以拥有更多的权限，

如查询用户生活数据、为老年用户提供针对性服务等。

（三）自主服务功能

这个功能可以实现老年用户查询医生信息、服务人员信息等操作，用户还可以根据自己的意愿选择适合的服务，还可以对服务质量打分、写评语。

结语

随着我国老龄化的不断加重，人们对于养老问题越发关注，但是以前都是采用各自居家养老模式，这种模式和当前社会发展趋势已不相符，其中存在的缺陷也变得越发明显，新时代需要实行智慧养老模式。基于云计算的智慧养老信息系统是以"智慧"为基础，以老年用户实际需要为根基，为老年用户提供多种形式的服务且可以进行多方关联，对各项资源进行整合，提供精准服务且不需要过高成本的一种信息系统。此外，该系统还可以实现数据共享，为社会管理提供便利，老年用户也能享受到更高质量的服务。

参考文献

[1] 李冠华，李维，赵舒婷．智慧化对养老服务业的

影响研究［J］．江苏建筑职业技术学院学报，2021，21（1）：91－94．

［2］杨美艳，都广捷，刘艳娇．智慧养老系统设计与开发［J］．科学技术创新，2020（9）：105－106．

课题组组长：何小雨

基金项目：2020 年度安徽省社会科学创新发展研究课题（课题编号：2020CX084）

物联网技术下养老
服务模式的构建

老龄化结构是我国经济发展的必然趋势，尤其是近几年来老年人的人口数量规模不断扩大，由于老龄化加剧所引发的老年人自理能力退化、服务机构供给不足等系列问题，让物联网技术的应用优势越发明显。养老隶属于社会保障领域，将物联网技术应用至养老服务行业中，可进一步优化养老产业，通过为当代老年人提供现代化的新型健康养老管理模式，有效缓解老年机构的服务压力，减轻老年人家庭成员的养老负担，让老年人充分享受现代科技所带来的发展成果，进一步提升老年人的幸福指数。

一、物联网概述

物联网这一概念最早出现于 20 世纪 90 年代末，在无线网络、硬件以及传感设备的基础上，比尔·盖茨在《未来之路》一书中提及物联网概念。以物流系统为背景提出的物联网概念，是以射频识别技术作为条码识别的替代品，通过对物流系统进行智能化管理，借助信息传感设备，按照约定的协议将任何物品与互联网相连接，通过信息交换和通信，继而实现智能化识别、定位、跟踪、监控以及管理的网络，是一种在互联网基础上延伸与扩展的网络。

二、物联网技术与养老服务模式结合的可行性

经济水平的提升给老年人养老模式的选择提供了良好的物质基础，物联网技术为多样化的赡养安排和养老机构提供可能。老年人群体所需求的养护类别主要是由餐食、购物、洗澡等类别构成，在互联网技术广泛普及的背景下，家用电器、老年设施逐步实现智能互联，也让互联网技术与养老产业结合更加具备现实化基础。新产品、新技术诞生于社会需求，经由设计生产出具备价值性的商品。将物联网技术从物流、信息等产业引入养老产业之中，顺应老龄化家庭和老年人对于智能化养老的需求。现如今老年人独居已成为社会常态，在各种类型紧急情况造成的呼救以及寻求帮助的需求将会大大增加，物联网技术的应用可充分满足老年人养老需求，对于物联网养老实践提出更高的要求。

三、物联网技术下养老服务模式构建的策略

（一）构建完善的智能养老设备

智能化养老设备具备智能化、便捷化的特征，借助智能化手表、老年热线以及慰老服务软件等手段，全面提升养老服务效率。为此可设计养老专线，借助老年专线打造服务平台提供送餐、保洁、购买以及帮厨等物联网养老服务模式。同时智能型养老设备主要是老年人随身携带的智能化手表、智能手机，为老年人提供位置定位、双向通话、健康监测以及紧急报警等服务。此外通过在智能手机内安装特色型软件，借助特色型软件实现养老服务。

第一，设计生活照料功能模块。智能养老设备中的生活照料服务形式主要为现实服务、虚拟服务、现实与虚拟服务组合三种。智能养老设备的现实服务范围包括送餐服务、生活起居照料等工作，借助移动终端设备开展直接预订服务，借助智能家务助手等系列物联网养老服务设备进行订单预订管理工作。而虚拟服务范围则是包含生活信息推送、关怀提醒等活动。生活照料模块运行情况如图1所示。

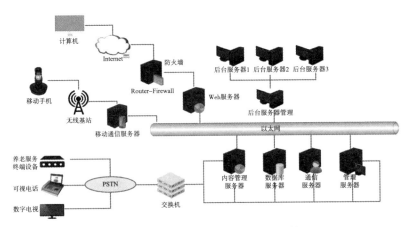

图1 生活照料模块运行网络拓扑图

第二，设计医疗康复功能模块。智能养老设备中的医疗康复功能包含按时吃药、康复训练、血压测量等服务范围，通过智能药盒、医疗康复训练、智能健康监测以及评估工具等实现服务模块。虚拟服务的服务范围包括医疗知识培训视频，老年人可借助远程视频进行观看。同时也能收集老年人的病例数据信息，在老年人在就医时使医护人员能够在第一时间及时了解老年人的过往病史，让医护人员能够准确快速地判断病情。

第三，设计精神慰藉功能模块。精神慰藉功能的服务形式包含面对面谈心、心理咨询、陪同旅游、在线聊天、虚拟社区互动等养老服务设备。借助现实与虚拟服务组合的方法满足老年群体的养老服务需求。随着生活节奏的加快，子女将精力投入各项工作中而忽略对于老年人的照顾与关心，未能关注老年群体的内心世界，为此老年人时常会感觉孤独与寂寞。精神慰藉功能模块可借助各类软件设备陪同老年人聊天，同时在参与网络社交联谊活动的前提下，丰富老年人的精神世界。

（二） 构建智慧养老机构模式

智慧养老机构模式的构建可向专业养老机构的老年人提供智能化服务，如订餐送餐、清洁打扫、健康监测以及预警提醒等系列养老服务。对机构老年人信息进行收集化分析，对区域内各类养老机构信息资料进行信息共享，对养老机构与养老服务站中的位置信息、周围环境、服务团队等信息进行有效整合，并制作成二维码资料，便于实现信息资料共享，实现对养老机构的有效监督。在智慧化养老机构构建中，需要全面收集并录入养老机构的床位数、入住者信息、护理资源以及费用标准等关键性信息，通过构建养老机构数据库，继而实现对养老机构的实施监督。此外需要以互联网技术作为支撑，对养老机构的管理工作进行规范，为老年人提供个性化、全面性的服务，为家属提供与老人相关的实时资讯。

（三） 构建智慧化的养老居家模式

智慧居家养老模式构建过程中需要利用物联网技术，以家庭为基础构建全方位的家庭养老服务模式。智慧居家养老模式需要配套软硬件以及养老服务体系，老年人通过居家养老使用的智能设备来充分满足点餐送餐、代购缴费等生活需求。打造由生活帮助、医疗服务以及金融服务板块构成的服务平台，其中医疗服务板块将省内优质医疗资源与服务平台相连接，医院专家可定期通过互联网与老年人进行远程视频诊疗。金融板块中服务平台通过与金融机构合作，为老年人提供就医、购物等支付方面的便捷性金融服务。生活板块可充分利用社区的养老资源，为居家养老的老年人提供就餐、家政以及健康等服务。

（四）构建智能化的养老档案管理模式

老年群体人口极为庞大，老年人的档案信息主要存在于子女档案中，无法为老年人提供专门性的档案信息服务。通过对老年档案服务体系进行完善，给养老服务带来具体性支撑。借助物联网中的智能控制技术在养老单位安装多个检测性系统，借助人脸识别来对应档案信息，一旦养老机构出现有人违法闯入问题时，系统会及时发出预警信号，借助这种安全的档案管理智能化环境，全面提升养老档案管理水平。此外需要积极培养养老档案智能化管理人才，提升在养老档案智能化设备设施建设方面的资金投入水平，打造以人工为主的养老档案信息管理部门，全面提升档案管理人员的专业素养水平，确保档案管理人员能够正确应对物联网技术下的智能化管理工作。

（五）设计物联网养老服务设备

老年人对生活需求极高，需要根据老年群体不同的生活需求设计不同类型的物联网养老服务设备。

第一，穿戴式设备。穿戴式养老服务设备是针对老年群体进行智能化设计、开发出的可穿戴设备的总称，如眼镜、手套、手表等均可成为物联网养老服务设备。近几年来，穿戴式设备在心率、血压检测等方面得到广泛应用，能够对老年人的生活起居带来潜移默化的影响。可穿戴智能技术在不断发展，设备种类也在不断丰富，可将可穿戴设备按照功能细化分为自我量化以及体外量化两种。自我量化能够对老年人的各项生理指标进行量化与检测，老年人通过佩戴含有生理检测功能的手表、胸带等检测设备，对身体健康信息进行记录，可有效节约医疗成本，大大缩短诊疗流程。体外量化主要是指穿戴式设备，可放大老年人对于外部的感知能力，让其感知自身无法感知的信息。

第二，便携式设备。便携式养老服务设备主要包括家庭便携应用监控监护设备以及社区医生便携式医疗用具。家庭便携应用监控监护设备需要具备稳定性强、抗摔性好以及抗干扰能力强的应用优势，如根据老年人心理需求设计多功能便携式座椅，在坐垫部位采用镂空设计来保证老年人座位的舒适度，通过靠背部分进行智能化调节，充分满足不同老年群体的需求。社区医生便携式医疗用具则是定期为老年人进行身体检测，严格控制老年群体的慢性疾病发展进程，是预防疾病的主要监护手段。部分便携式养老服务设备如图2所示。

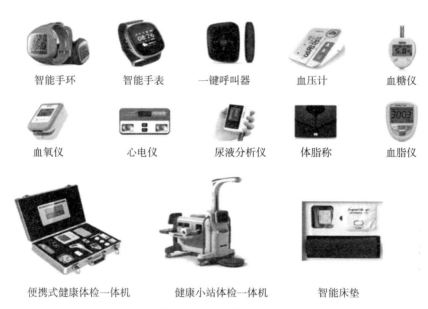

智能手环　　　智能手表　　　一键呼叫器　　　血压计　　　血糖仪

血氧仪　　　心电仪　　　尿液分析仪　　　体脂称　　　血脂仪

便携式健康体检一体机　　　健康小站体检一体机　　　智能床垫

图2　部分便携式养老服务设备

第三，固定式设备。固定式设备主要是指安装在不可轻易拆卸的区域，继而为老年人群体提供康复与生活照料等服务。如智能床垫能够获取老年人的呼吸值、心跳值等数据信息，将数据传输到云平台以及移动信息终端，实现对老年人的远程智能看护以及危急状况下的主动预警。

第四，移动式设备。移动式设备是固定式设备种类中的一种，主要是对老年人进行生理监测的设备仪器，将其安装在移动工具上，如轮椅、汽车等均可安装。智能化的轮椅可完成运行路径规划与指令提示，而带有 GPS 导航终端功能的智能轮椅能够帮助老年人准确识别自己所处的位置，借助简单性操作让 GPS 终端为老年人规划回家的路径。

第五，无意识触摸设备。无意识触摸设备是利用现代无线传感器网络技术，在家中配备用于老年人日常活动能力监测系统，在门把手、坐便器、冰箱以及衣柜等位置安装无线传感器，可分析与跟踪老年人在家中的活动状态以及行动轨迹，对老年人的活动能力进行评估，也可利用电生理测量技术对于老年人的生理参数进行监测。如智能化马桶具备感应、自动调节以及杀菌消毒等功能，可充分满足老年人的生理需求。智能化马桶能够自动感应一定区域内是否有人，可实现自动翻盖以及关闭功能，若使用者长时间无动作，系统会判定发生危险情况并发出警报。

第六，非接触式设备。非接触式设备是利用声光电感应科技分析老年人的异常行为，可实现对老年人非接触式的监护，同时也可方便监护人员、照护人员的远程监护。如远程血糖检测系统的设计与应用，可将互联网数据传输到医院以及亲属的智能终端设备，完成对于病人以及亲属血糖的远程监护工作。远程血糖检测系统不仅能够实现对于患者的信息化管理，还可实现信息的全天候无缝对接。为了满足生理监测设备的多功能、便携式以及网络化的发展需求，可将生理监测技术与无线通信技术相结合，设计一款便携式的智能生理监护仪器设备，将检测到的多种类型生理参数利用蓝牙传输到手机上，确保被监测者行动不会受到拘束，充分满足家庭监护以及远程医疗需求。此外，远程健康监护平台的构建，能够为亚健康、慢性病老年人群体提供信息化、个性化的健康服务平台，将采集到的病理数据信息传输到远程健康监护平台中，为老年人的家庭监护、手术后检测提供远程服务。

（六）提升物联网养老服务应用水平

物联网养老服务属于新型服务行业，物联网养老服务终端设备始终处于研发阶段，为此需要加紧医疗机构、社区服务中心的网络信息建设。部分老年人群体受到传统观念的影响，不愿意采用以物联网为主要技术依托的养老方式，加上采用物联网养老设备的养老机构，其收费价格水平相对高昂，接受物联网养老服务的老年人数量占比一直较低。因此，需要缩短终端设备的研发进程，充分保证终端设备的稳定性、功能性，促使老年人尽快接受物联网养老服务方式，全面推广物联网养老服务模式。

结语

总而言之，基于物联网技术构建养老服务模式可全面提升我国的养老服务水平，稳定社会发展进程。为此需要构建完善的智能设备养老模式、养老居家模式、智慧养老机构模式和养老档案管理模式，进一步提升老年人的幸福感。

参考文献

［1］辛宁越，高闻忆，尚玉姣，等．基于 BIM 与 5G 的智慧养老服务模式研究——以大连市某养老社区为例［J］．智能城市，2021，7（21）：38－39.

［2］邢珍珍．人工智能赋能下社区智慧养老服务模式及关键技术研究［J］．护理研究，2021，35（9）：1573－1579.

［3］臧少敏．"三位一体"医养结合型智慧养老服务模式构建——以苏州模式为例［J］．老龄科学研究，2021，9（3）：72－78.

课题组组长：何小雨

基金项目：2020 年度安徽省社会科学创新发展研究课题（课题编号：2020CX084）

基于智能可穿戴计算的智慧养老移动服务平台的设计

　　老年人的生活水平在不断发展的社会环境下逐渐提升，使得老年人对养老服务的需求不再只局限于普通家庭生活照顾，智能化的老年人监护保健服务已经成为现代养老服务发展的一种新趋势。目前，社会对老年人养老问题关注度逐渐提升，为了可以有效解决养老监护问题，研发出智慧养老模式，并受到各界人士支持。智慧养老就是为了给老年人提供健康、舒适和安全的生活，通过使用互联网信息技术和多种传感器，将感知到的老年人健康情况通过互联网传送给监控者，从而实现远程监控老人的日常生活状况，使监控过程信息化和智能化。

一、智能可穿戴计算的智慧养老移动服务平台设计原则

（一） 安全可靠性原则

智能可穿戴计算的智慧养老移动服务平台的系统和数据库需要保证一天 24 小时不间断的监护服务。另外，对于数据库中的数据进行严格加密保护，以避免使用者的数据被窃用。同时还要将数据库中的数据进行备份。

（二） 操作方便原则

老年人使用可穿戴设备就是为了方便，而且大多数老年人不会使用计算机，同时老年人头脑和手指的灵活度降低，对于复杂操作步骤难以记住，所以，智慧养老移动服务平台设计时要尽可能操作简便，软件的界面要简单清晰，这样不会增加老年人使用的难度，推动智慧养老移动服务平台更好地开展工作。

（三） 可扩展性原则

智慧养老移动服务平台设计时要考虑其以后是否需要拓

展，所以，平台设计期间不能局限于满足当前的需求。由于在软件的具体实现过程中会出现新的需求和问题，平台只有拥有较强的可扩展性，才能从容面对各种问题，为将来系统的二次升级、开发和维护节省时间，同时也能降低开发成本。

二、智能可穿戴计算的智慧养老移动服务平台现状

在国家不断加大对养老问题的重视下，各行各业都积极研发居家养老照护相关项目。近年来，在政策的鼓励下，越来越多的研究机构和企业不断推出各种创新的养老解决方案、设备和项目。特别是基于移动网络的健康养老平台，引起了各级政府和养老行业的关注。尽管穿戴设备和移动健康平台的开发取得了一些研究成果，但市场中的各类可穿戴计算智慧养老移动服务设备仍存在一些问题，导致用户对其不满意，这样会影响老年人智慧养老移动监护工作的开展。主要有以下方面。

第一，老年人长期穿戴养老监护设备的舒适度问题。目前，部分老年人监护设备佩戴时间过久会引发一定程度的身体不适，这个问题一时无法解决。所以，为了能够更好地为老年人服务，保证监护效果，需要加强对减少可穿戴设备的佩戴时间方面的研究工作。

第二，平台运营的难度较大。智慧养老移动平台是通过可穿戴设备收集老年人当前的状态，对收集的信息进行实时监测和分析，从而掌握老年人健康情况。平台在线人数较少时，不会对平台造成压力，一旦监护人数达到一定的规模，平台运营会增加难度。而投入高端的硬件设备会增加成本，使得服务平台无法大面积推广，因此，就需要加强对平台数据处理系统的研究与开发，使得平台内分析计算方法最优化，这样才能在现有硬件的基础上提高服务质量和效率。

三、智能可穿戴计算的智慧养老移动服务平台的设计

（一）智慧养老移动服务平台整体结构设计

如今，在改变大众生活方式时，通过物联网、传感器以及 RFID 等结合的方式实现实时交互信息的处理能力和反应速度的高效性，进而推动老年人养老综合信息化技术的提升。智慧养老服务平台在智能可穿戴计算设备的基础上，通过使用互联网技术和通信技术，实现物联网、RFID、传感网技术在智慧养老中的应用。

目前，智能可穿戴计算智慧养老服务平台由四个模块组

成，分别是室内室外定位追踪服务、定时上门服务、请求应答呼叫服务以及个性化服务。平台内部各个模块之间的数据交换采用了 SOA 方式，老年人个人信息管理数据主要通过与服务器端的数据进行同步实时更新，实现互联互通。智慧养老服务平台中四个模块之间进行数据交换会使用 SOA 方法。老年人的个人信息管理数据和服务器端的数据实时刷新，从而达到互相联通。除此之外，在网络正常稳定情况下数据传送不间断运行，而在网络出现不稳定后平台会将所有数据在本地储存。

（二）智慧养老移动服务平台网络体系结构设计

随着通信技术以及各种硬件设备的快速发展，老年人使用的智慧养老服务平台可以成为便捷可穿戴设备，这种设备具有数据输送模式，即串口输送、并行输送两种。每位使用智慧养老移动平台的老年人家里都会安装一个客户端，对老年人的日常健康信息进行收集与整理，然后通过互联网或移动数据网等与养老服务平台实现互通。老年人的家属和服务人员也是平台的重要组成部分，这些与之相关的人员可以通过移动无线网络和互联网与服务平台进行交互。

（三）平台数据处理系统设计

使用可穿戴智慧养老设备监护的老年人各项身体健康数

据，每天都会提交到养老平台，而养老服务平台需要保障大量涉及个人隐私的数据的安全性和有效访问。因此，养老服务平台在储存数据时可以运用文件加密云安全存储方案，这样可以保护用户个人信息和数据安全。另外，可穿戴监护设备最初收集到的用户健康数据不适合医护人员直接查看，而且需要对用户数据脱敏，所以，养老服务平台需要对原始数据进行处理。因此，平台数据处理系统中的预处理机制将原始数据进行加工后，向医护人员提供工作必需的监护数据片段，遵循接触数据最少化原则在保证业务正常开展的同时，又保证了数据安全。此外，养老服务平台对数据进行脱敏处理后，可以作为医政部门养老数据统计来源，保存到独立的报告数据库中，然后根据医疗管理部门的需要进行处理，如养老基础数据统计、老年人常见基础疾病统计、老年人日常用药统计、养老支出统计等。最后，通过定制界面将数据报告给当地医疗管理部门作为养老金数据源。

结论

综上所述，老年人养老与看护问题一直备受关注，为了解决这个问题，国家不断制定鼓励政策，激励企业与研究机构开发出更多优秀的产品。其中智能可穿戴的智慧养老移动服务平台受到人们的重视并已经投入使用。但是可穿戴智能养老平台仍存在一些问题，因此，对智慧养老移动服务平台设计进行完善，能够实现对老人全天候实时动态监护。同时，健康养老平台也必须同医疗机构和养老主管部门建立更密切的信息共享和交流，共同做好养老服务工作。

参考文献

［1］胡葳，方泳华，王娟，等．我国智慧养老服务现状及标准化研究［J］.标准科学，2021（5）：48－51.

［2］韦灵，胡艳华．基于大数据背景下的智慧养老平台设计［J］.产业创新研究，2020（22）：49－50，55.

［3］徐锋，陈熹，师岱．基于物联网的智慧养老云平台设计思路［J］.中国信息化，2019（8）：64－66.

课题组组长：何小雨

基金项目：2020 年度安徽省社会科学创新发展研究课题（课题编号：2020CX084）

困难群体权益保障
与社会救助

安徽省农村特困群体
社会救助问题研究

一、安徽省农村特困群体社会救助现状

　　农村特困群体的社会救助是实现全面建成小康社会奋斗目标的重要内容，是确保到 2020 年农村贫困人口脱贫必须攻克的难题，是党和国家关注和改善民生的重要举措，也是维护公民基本生存权利，共享改革发展成果，保障社会公平正义的重要体现。

　　农村特困群体指的是生活在农村地区、低职或者无职、贫困、脆弱，没有政府救助无法生存的一部分农村困难群众。农村特困群体的形成原因主要有以下几种：（1）没有收入来源。无劳动能力或者有劳动能力和劳动意愿但是没有就业渠道，缺乏收入来源，这是农村人口贫困的很重要的一个因素。（2）因病致贫。因为疾病产生的高额医疗费用，

是农民致贫的一个重要原因，农村贫困人口因病致贫率高达42%。（3）因灾致贫。因为突发的天灾、人祸等原因导致家庭陷入贫困状态。（4）因失学致贫。因为失学，没有知识和技能，使得很多人很难找到工作赚钱养家。农村贫困人口中，因失学致贫的人数占到贫困人口总数的10%。（5）家庭原因以及个人原因。家庭破碎，没有亲人的依靠，体弱的老年人或者孤苦无依的儿童，身体、精神状态极差的个人也是特困群众的重要组成部分。

农村特困群体救助工作，一直以来都是省委、省政府农村工作关注的重点。多年来，安徽省施行了多项行之有效的救助措施，取得了很大的成效，集中体现在以下几个方面。

一是陆续出台了一系列社会救助政策。近年来，安徽省民政、人社、卫生、财政等部门不断出台落实各项救助政策和制度，对农村贫困人口实施了有效救助。2014年，出台了《安徽省农村居民最低生活保障实施办法》，明确了救助的对象、原则及相关标准，并将其纳入民生工程政策之中；出台了养老保险的相关文件，形成了农村养老保险制度，并将其纳入民生工程；依据2002年10月中共中央、国务院下发的《关于进一步加强农村卫生工作的决定》精神，安徽省在农村建立了新型农村合作医疗制度和医疗救助制度，目的是将社会弱势群体纳入医疗保障体系之中，防止这部分群体因病致贫、因病返贫；大病救助政策上，安徽省大病救助保险范围不断扩大，将大病保险纳入民生政策。并出台了《安徽省城乡医疗救助实施办法》，较以往又明确扩大了救助的对象、病种、标准，使救助对象扩大到了特困供养人员，救助病种范围扩大至各种恶性肿瘤；建立了大病保险制度，安徽省依据《关于全面实施大病保险的实施意见》精神，切实落实大病保险制度，并且将它和新农合制度、医疗救助等制度紧密衔接，共同发挥托底保障功能，有效防止发生家庭灾难性医疗支出，使城乡居民医疗保障的公平性得到显著加强。大病救助政策上，将白血病患者落实相关医疗救助后可补偿至 50 万元，农民看病后可以即时报销，门诊、住院报销比例逐年增加，使得特困家庭走出因病致残、致贫的泥潭；建立对农村"五保"供养对象、孤儿实行零起付线救助，对住院治疗费用实行全额报销的制度救助；根据《社会救助暂行办法》的精神，安徽省民政厅会同省财政厅下发了《安徽省城乡医疗救助实施办法》和《临时救助资金管理暂行办法》等纲领性文件，提高对特困群众的服务水平。

二是逐步增加了社会救助资金投入。加大资金投入，实施了最低生活保障制度，2013 年安徽省农村低保累计支出资金约 35.71 亿元，平均标准为每人每月 209 元；2014 年安徽省农村低保累计支出资金约 36.97 亿元，平均标准为每人每月 241.33 元；2015 年将农村居民最低生活保障标准提高 10%，各地市依据当地实际，提高了相应的标准；加大农村养老保险方面的资金投入，截至 2015 年 10 月，安徽省县级政府为农村居民代缴城乡居民养老保险 432327 万元；加大了医疗救助力度，从 2008 年全面推进城乡医疗救助以来，截至 2012 年 6 月底，安徽省各级财政已累计投入资金约 28.8 亿元，救助城乡困难群众超过 1200 万人次，有效减轻了城乡困难群众医疗费用负担。近年来，安徽省财政积极调整支出结构，努力加大城乡医疗救助资金投入。2011 年，安徽省各级财政共拨付城乡医疗救助资金 6.9 亿元，较上年增长 16.9%。为统筹做好安徽省城乡医疗救助资金工作，2012 年省级财政进一步加大城乡医疗救助补助资金投入，较 2011 年增长 78%。此外，还专门设置了一项专项资金，专项资金不仅对参加新型农村合作医疗给予资助，还对发生的重特大疾病医疗费用给予救助；安徽省从 2007 年将农村"五保"供养对象提标工作列入安徽省十二项民生工程以来，安徽省农村"五保"对象的供养标准不断提高，使安徽省农村目前在册的 46.1 万"五保"对象生活标准（省级财政专项生活补助）逐步提高；加大了"三无"人员的供养标准；加大了临时救助的力度，截至 2015 年一季度，安徽省共实施临时救助 3.8 万户，同比增长 52%；支出资金 4767 万元，比去年同期增长 110%。加大了农村义务教育阶段的财政投入标准：农村义务教育阶段学生生均年公用经费基础定额由小学 585 元、初中 785 元，提高到小学 625 元、初中 825 元，义务教育阶段特殊教育学校生均年公用经费补助标准由 4000 元提高到 5000 元；将普通高中和中职教育国家助学金标准由每人每年 1500 元提高到 2000 元，使得贫困农村家庭的孩子可以上学、上得起学，为家庭将来的脱贫致富留下希望、打好基础。

三是形成了完整的社会救助制度体系。第一，实施了农村最低生活保障制度。农村最低生活保障制度是以政府为实施主体，以保障农村居民基本生存权利为主要内容的一项社会救助制度，是保障农村贫困人群生活的最后一道安全网。第二，形成了农村养老保险救助制度。它是指非城镇人员支付一定的劳动所得，在丧失劳动能力时从国家和社会取得帮助，享受养老金的一种社会保险制度，是继取消农业税、农业直补、新型农村合作医疗等政策之后的又一项重大惠农政策，也是安徽省33项民生工程政策之一。它是一项采取个人缴费、集体补助和政府补贴相结合，中央财政对地方进行补助，且直接补贴到年满60周岁、未享受城镇职工基本养老保险待遇的农村户籍的老年农民身上的有效保障制度。第三，形成了新型的农村合作医疗制度。此项制度是由政府组织、引导、支持，农民自愿参加，个人、集体和政府多方筹资，以大病统筹为主的农民医疗互助共济制度，使农民得到了基本的卫生服务保障，对预防农民因病致贫和因病返贫方面发挥了重要的作用。第四，形成了医疗救助制度。其救助对象是指持有当地常住户口，本人参加了新型农村合作医疗保险，因患病造成生活困难的农村"五保"供养对象、孤儿、农村最低生活保障对象、部分重点优抚对象、农村低收入家庭中因患重大疾病长期住院治疗，医疗费用开支过大，造成家庭生活特别困难的对象、经县民政部门批准认定的其他需要特殊救助的对象。当前，当地采取的方式主要是以家庭走访、村委开证明和公示等对申报户经济状况进行界定、评估与确认，鼓励和支持慈善机构和社会团体等社会力量以各种形式参与医疗救助工作。第五，建立了临时救助制度。此项制度是针对城乡中孤老及由于火灾、水灾等突发事件造成困难的贫困家庭的一项临时性救济制度。对于因患危重病、子女教育、自然灾害或遇到突发性、不可抗拒性因素等，导致生活暂时特别困难的家庭可给予临时救助，凡符合居住地县级以上人民政府规定的临时救助条件的外来务工者等人户分离（经常居住地和常住户口登记地不一致）家庭和个人，可以在居住地申请临时救助。

四是逐步提高了社会救助保障标准。第一，从农村低保救助制度看，农村低保标准主要"按照能够维持当地农村居民全年基本生活所必需的吃饭、穿衣、用水、用电等费用确定"。多年来，安徽省农村低保救助标准与安徽省经济社会发展相适应，随着经济增长而逐年提高，切实保障困难群体基本生活。第二，从养老保险制度看，将城乡居民基本养老保险基础养老金标准由每人每月55元提高到70元，其保障标准逐年提高，进一步保障了高龄老人的后顾之忧，也为安徽省农村特殊困难群体提供了有利的老年生活保障。第三，从农村新型合作医疗制度看，2015年又将新农合财政补助标准由每人每年320元提高到380元。大病救助政策上，将白血病患者落实相关医疗救助后可补偿至50万元，农民看病后可以即时报销，门诊、住院报销比例逐年增加。第四，从大病保险制度看，对重点救助对象在年度救助限额内，住院自负费用救助比例不低于70%，其中，特困供养人员的救助比例适当提高。需要指出的是，70%是指各种保险补偿或医疗救助后，实际剩余个人自负医疗费用的70%，并不是所有医疗费用；对经上述各种保险补偿或医疗救助后，实际剩余个人自负医疗费用仍然较高的救助对象，由各地根据救助对象需求和医疗救助基金筹集等情况酌情予以救助；对已经开展的符合救助条件的农村0～14周岁（含14周岁）儿童急性白血病和先天性心脏病患者的医疗救助，按有关政策规定的标准执行，从而有效地防止农村家庭因为疾病支出过大而无法正常生活。第五，从"五保"供养制度看，安徽省农村"五保"供养制度始建立于20世纪50年代，主要是对农村村民中符合条件的老年人、残疾人、未成年人实行保吃、保穿、保住、保医、保葬（未成年人保义务教育）的"五保"供养，是农村社会救助最长期、最稳定的制度。将农村"五保"供养财政补助标准由每人每年1870元提高到2050元。由于省委、省政府近年来采取多项社会救助制度措施，使得农村贫困人口的基本生活得到初步保障。

二、农村特困群体社会救助存在的主要问题

近几年来，国家不断加大对农村困难群体的社会保障和救助力度，先后实施了新农合、新农保等政策，提高了低

保、"五保"等救助标准，推进了大病救助、教育救助和重度残疾人家庭救助等措施，有效地保障了农村困难群众的基本生活，促进了社会和谐稳定和经济社会协调发展。但是，就目前的实际情况而言，安徽省农村困难群体救助工作仍然面临着一些新情况、新问题。

一是农村低保边缘群体往往徘徊在各类专项救助之外。针对农民普遍反映强烈的教育、医疗等民生问题所建立的各项专项救助，形成了与农村低保相配套的农村社会救助体系。然而，这些专项救助制度都是以农村低保制度为基础的，如农村医疗救助制度的救助对象为"享受农村居民最低生活保障的对象……"，农村教育救助制度的救助对象为"享受农村低保家庭子女……"。即凡低保对象就可以享受医疗、教育等专项救助，经过多层面的"减负"，低保户生活状况有所改善。而处于农村低保边缘的那部分困难群体，他们的生存状态仍然恶劣，在面临看病难、看病贵和教育经费负担重等问题时，却得不到实际需要的救济。

二是各种临时性救助制度常被弱化。随着农村低保制度的建立，低于农村低保保障线标准的最困难群体已全部被纳入保障范围。但从当前农村低保的实际运作情况看，还难以做到随时性的入保退保。因为农村低保资金安排都是一年一定，列入预算。加上农村低保对象的家庭收入测算、评价、公示等，点多面广、工作量大，未能做到出现一个核定一个。因此，即使一些农户在当年因病、受灾等因素致贫、返贫，也要年终经过年度核定，符合条件的，次年纳入农村低保的保障范围。临时救助机制作为社会救助一个必要的辅助性措施，功能正在逐渐弱化，农村低保边缘人群往往不能得到及时救助。

三是诚信意识缺失，存在骗取低保或救助的事实。由于社会整体诚信意识弱化、救助审批制度不够完善、失信成本低廉等原因，一些地方出现刻意隐瞒真实收入、家庭资产而骗取救助资格；通过"打招呼""托关系"等取得救助资格；在获得救助后经济状况明显改善却不如实反馈；个别基层组织和部门工作人员利用职权编造事实优亲厚友等情况，使得合法救助变味成骗取救助。此类事情时有发生，给社会诚信度和政府救助政策及政府形象带来负面影响。

四是农村贫困面较大，社会救助面较窄，救助标准偏低，资金安排与保障任务重的矛盾仍较突出。"农村贫困人口脱贫是全面建成小康社会最艰巨的任务。""到2020年通过产业扶持、转移就业、易地搬迁、教育支持、医疗救助等措施解决5000万人左右贫困人口脱贫，完全或部分丧失劳动能力的2000多万人口全部纳入农村低保制度覆盖范围，实行社保政策兜底脱贫"。按2010年不变价计算，2020年全国脱贫标准约为人均纯收入4000元。据此标准测算，农村贫困救助标准应按一个确定的年增长率调整，否则农村特困人口到2020年就不能达到全面建成小康社会所要求的基本生活水平。

五是各有关部门社会救助资源缺乏必要整合，"各管一块，各救一部"的现象突出，社会救助资金效益难以充分发挥。目前，社会救助政策存在着较为明显的"碎片化"问题，突出表现为救助政策具有部门分割、制度分割等特征。各部门从自身职能出发，分别设立救助机构和配备人员，存在着"谁出政策谁做事，谁筹资金谁使用"的状况。由于政出多头，既增加了救助环节的行政成本，也容易出现重复保障和救助盲点并存的局面，还难以形成有效的监管机制和科学的绩效评估机制，未能很好发挥农村社会救助政策应有的综合政策效应。

三、进一步加强农村特困群体社会救助的对策建议

农村特困群体社会救助是一项保民生、促公平的托底线、救急难、可持续的基础性制度安排，事关困难群众的衣食冷暖，对于促进社会公平、确保全体人民共享改革发展成果具有重要意义。为了更好地做到对特困群体应保尽保，真正发挥政府兜底线、济民生的公共职能，课题组对进一步加强农村特困群体社会救助提出以下建议。

一是建立更为严格的责任追究制度。重点做好"两个强化"：第一，强化责任落实。明确救助各业务环节的经办主体责任和追责办法。对临时救助管理不力、责任不落实、处置不及时、造成严重后果的相关单位负责人，以及在临时救助审核审批过程中滥用职权、玩忽职守、徇私舞弊、失职

渎职的人员，要追究责任。对出具虚假材料骗取救助的单位和个人，要按照有关规定予以严肃处理，并在社会信用体系中予以记录。第二，强化监督管理。各有关部门要将临时救助制度落实情况作为督查督办的重点内容，定期检查、公开。监察、财政、审计等部门要加强临时救助资金的监督管理。

二是优先落实就业扶持政策，提高自我救助能力。就业是民生之本、发展之源。积极落实对用人单位安置困难就业人员的补贴和奖励制度，大力推进残疾人按比例就业，村集体企业建立岗位预留制度，带头安排残疾人就业。加大对就业困难人员的援助力度，确保零就业家庭、最低生活保障家庭等困难家庭至少有一人就业，实现"一人就业，全家脱贫"。残联、教育、妇联等部门加强对有劳动能力家庭困难人员的技能培训，提升就业水平。规范公益性岗位开发和管理，各地要把困难人员的推荐就业工作放在重要位置，多渠道提供保洁、市场管理、保安等公益性岗位。加强创业服务，充分利用创业孵化基地、小额担保贷款及财政贴息、税收优惠政策，支持困难人员（家庭）自主创业。

三是积极引入 PPP 模式进入农村特困群体救助领域。稳定可靠的资金来源是做好农村困难群体救助的根本保障。充分发挥群众团体、社会组织等社会力量的优势，通过委托、承包、采购等方式向社会力量购买服务，鼓励、支持其参与对农村特困群体的临时救助。率先推广运用 PPP 模式，在农村困难群体救助领域示范试点，引入市场机制，实现投融资体制、财税体制以及公共产品供给体制的改革创新。加强慈善衔接，搭建政府部门救助资源、社会组织救助项目和公民个人救助意愿与急难对象救助需求对接的信息平台，开辟救助绿色通道；引导本地具有较大影响力的社会组织、驻地大中型企业等设立"救急难"公益基金；动员社会各界热心人士积极捐赠。

四是进一步完善申报审批制度。在救助标准上，重点考虑困难对象的困难程度、困难原因、困难类型，科学制定分类分档的救助标准。在救助范围上，财政投入重点向救助任务重、财政困难、工作成效突出的地区倾斜。在救助内容上，重点围绕困难生活救助、就业救助、医疗救助、危房救助、教育救助。教育救助重点向对各教育阶段就学的低保家庭成员、特困供养人员，制定减免相关费用、发放助学金、给予生活补助、安排勤工俭学等。住房救助重点向住房困难的低保家庭、分散供养的特困人员通过提供现金补贴或廉租住房、农村危房改造等方式进行救助。就业救助重点对享受低保家庭中有就业愿望、有劳动能力的人员，给予就业救助。困难生活救助重点抓规范有序，即在适度扩面、按标施保过程中，规范保障标准、规范操作程序、规范信息监控、规范监督检查，确保公开、公正、公平；医疗救助重点是降低门槛、提高限额、取消病种限制，资助和指导困难群众采取多种医疗保障手段，最大限度缓解看病难问题。在审核公示上，建立常年公示制度，乡镇人民政府（街道办事处）将拟审核给予和不给予救助的家庭或个人的相关信息在申请人所居住的村（居）委会张榜公示，公示内容包括申请人申报情况、调查核实情况和审核结果等。公示有异议的，应再次核查。

五是合理制定具体的救助标准。科学制定特困人员供养标准，农村"五保"分散供养人员标准按不低于安徽省农村居民家庭上年度人均生活消费支出的60%确定，根据国家规定，结合安徽省发展实际和有关部门测算，到2020年，农村"五保"散养供养人员的救助标准应达到每人每月330元或每人每年4000元。农村"五保"集中供养标准在安徽省分散供养标准的基础上适当提高；特困人员的供养标准由民政局、财政局根据安徽省农民人均生活消费支出和城市低保标准的调整而相应调整。建立标准自然增长机制，认真落实与物价上涨的挂钩联动机制，加强对农村低保对象等困难群众的保障，减轻物价上涨对困难群众生活造成的影响。对获得最低生活保障后生活仍有困难的老年人、未成年人、重度残疾人和重病患者，采取发放生活困难补助金等措施给予保障。

六是强化临时救助，实现有贫困就有救助。建立临时救助制度是填补社会救助体系空白，提升社会救助综合效益，确保社会救助安全网网底不破的必然要求。第一，以缓解群众"急难"为核心。重点解决三种苦难问题：急难性贫困（突然遭遇火灾、交通事故，或者家庭成员突发重大疾病，导致家庭陷入临时困境）；支出型贫困（家庭收入和经济状况高于当地低保标准，不能纳入低保范围，但由于家庭成员中有老年人、残疾人、重病人，有孩子上学等，生活必需支出比较大；虽纳入低保，但由于家庭支出突然增加而遇到临时性生活困难，难以维持基本生活）；流动人口救助（属于既没有本地户籍也没有办理居住证的或已经在当地领取了居住证的"新居民"）。第二，前移救助窗口。下放救助权力和资金，将小额度临时救助资金发放到乡镇，实施精准救助，增强临时救助的时效性。同时，加强临时救助与其他救助制度之间的衔接，形成合力，消除救助盲区。

课 题 指 导：孙东海　张　南　严方才　辛朝惠

课题组组长：凌宏彬

课题组成员：刘海峰　陈干全　黄佳豪　侯宇虹

　　　　　　丁胡送　段贤来　殷民娥

安徽省残疾人职业教育
与就业研究报告

就业是民生之本，就业更是残疾人生产、生活之本。残疾人就业是残疾人事业的重要组成部分，是残疾人及其家庭所关心的一个十分重要的社会问题，也是残疾人改善生活状况，实现自强自立、体现人生价值的主要途径。残疾人就业，意味着他们的经济生活、精神生活和社会地位的提高。但是，由于残疾人机能受损，受教育程度不高，技能水平偏低，导致其在就业竞争中处于劣势地位。因而，加强以就业为导向的残疾人职业培训，提高残疾人的职业技能，是提升其就业竞争力的迫切需要，是解决残疾人就业结构性矛盾的根本途径和方法。

为进一步发展安徽省残疾人职业教育事业，促进残疾人就业工作，本书基于实地调查与集中访谈等研究方法，首先阐述了安徽省残疾人职业教育和就业的现状，其次探析了安徽省残疾人职业教育与就业所存在的问题与困境，最后有针对性地提出了相应对策，以期建构起扶持残疾人职业教育与就业的政策体系，充分满足残疾人的就业需求，从而有效实现安徽省残疾人的社会融入和社会发展，共享社会物质文化成果。

一、安徽省残疾人职业教育的现状

（一）职业教育培训体系初步形成

安徽省特殊教育中专学校是安徽省唯一一所省级残疾人中等职业教育学校，现已建立了 24 个校内实训室和 12 个校外实训基地，开设了辅具适配、工艺美术、推拿按摩等十多个专业。同时，通过在岗培训、脱产培训、业务研修、技能大赛等多种形式，分期分批开展职业培训，加快提升企业在岗残疾职工的技能水平。建立完善残疾人教育培训网络。初步形成了特教学校的职业教育、各级残联的短期培训和社会职业培训等多种形式的残疾人职业教育培训体系。截至目前，各级残联建立残疾人培训基地 127 个，其中，2013年，安徽省兴办残疾人职业培训基地 86 个，其中残联兴办 23 个，依托社会机构兴办 63 个。本年度城镇职业培训 12114 人次，比上年度增加 58.4%。已开办特殊教育普通高中班（聋）3 个，在校生 210 人。残疾人中等职业学校（班）198 个，在校生 446 人。

（二）职业教育资金投入逐年增多

2013～2018 年，政府对残疾人职业教育的资金投入量呈逐年上升趋势，高于财政收入增速约 0.5 个百分点。各级政府和残联给予特教学校、残疾人职业培训机构的资金扶持，使得学校和培训机构在教学场所、师资队伍等软硬件上都得到了大幅提高。安徽省现有特殊教育学校 63 所，特教学校残疾学生 12635 人。特教学校生均公用经费 5 倍于普通学校，特教岗位津贴全面落实。2013 年，省政府残工委成员单位与 39 所特教学校开展对口帮扶，捐献款物超过 100 万元，帮助解决相关困难和问题。各级财政共安排 681 万元，资助高校家庭困难残疾学生 1070 名、中小学校残疾学生 6538 名。其中，铜陵市投入 1100 万元，改善办学条件，残疾儿童少年入学率达 96.9%。其他地区如蚌埠、滁州、淮南、安庆、芜湖等的特教学校也办得有声有色。

（三）职业教育政策支持力度加大

近年来，安徽相继出台不少文件扶持残疾人参加职业教育培训，取得明显成效。已实施的《安徽省残疾人保障条例》第十九条规定，县级以上人民政府应当将残疾人职业教育纳入职业教育发展总体规划，设立残疾人职业教育培训机构或者在普通职业教育机构设置教育点，对残疾人进行职业技能培训，提高其就业和创业能力。2012 年出台的《安徽省高等教育阶段家庭经济困难残疾学生资助办法》，对参加中等以上职业教育的残疾学生补助进行细化。2014 年出台的《中共安徽省委办公厅安徽省人民政府办公厅关于促进残疾人家庭增收　加快实现小康步伐的意见》提出要完善残疾学生职业教育资助政策，中职学校一、二年级在校残疾学生，以及在特殊教育学校职业高中班的残疾学生，全部享受国家助学金。同时提出要筹建安徽特殊教育高等职业技术学院。鼓励社会资本投入特殊教育领域。

二、安徽残疾人职业教育的主要问题

（一）职业教育工作运行体系尚不健全

首先，政策落实缺少考核评价环节。安徽已经出台的相关残疾人职业教育政策法规，虽都对残疾人教育的发展给予了政策支持，但多是指导性意见，不是硬性指标，缺少考核评价体系，政策落实的效果较差。其次，职能部门指导监管权力受限。省残联下属的残疾人职业技术培训中心和职业鉴定中心在残疾人教育培训工作中发挥着指导作用，但因权限问题，工作过程中得不到各方充分的认可和支持，有关措施难以落实到位。最后，基层的职业培训工作缺乏调控。一些区市县和乡镇街道负责教育培训工作的人员都是兼职，岗位调动频繁，缺少专门负责教育培训的人员，造成教育培训体系的运转不畅通。

（二）职业教育培训专项资金拨付不到位

目前，安徽省尚未确立残疾人职业教育专项经费保障制度和适应安徽省经济水平的专项经费标准。资金的限制导致残疾人职业学校办学条件不能满足实际教学需求。基层的残疾人职业教育培训组织，尤其是涉农的乡镇地区，缺少专门用于职业教育培训的专项资金，因而组织开展残疾人职业教育培训活动的积极性不高；资金的短缺直接影响了职业培训的师资、后勤服务等质量，影响了残疾人参加教育培训的热情；而参与职业教育培训相关的补助发放不及时，甚至不予补助，加大了贫困残疾人的培训成本和经济压力。

（三）职业教育培训缺乏整体规划

残疾人职业教育因其培养对象的特殊性，决定了其在教育领域的特殊地位，省残联等相关部门在大方向上对残疾人职业教育进行指导，但还没有具体的教育行政机构负责对残疾人职业教育整体的建设与发展、专业设置要求等方面进行专业性规划、指导和管理。残疾人职业教育招生录取制度、残疾人职业教育教学制度、职业教育对象评估、鉴定制度等都还未完善。职业学校考虑自身发展、市场需求等因素来设置专业和人才培养方案，还存在一定的盲目性。同时，残疾人中等职业学校与义务教育学校之间也缺乏相应的统一规划和协调，没有制度化、标准化的衔接。

（四）职业教育培训力量还较薄弱

首先，师资力量缺乏。现阶段安徽职业教育培训机构中存在的突出问题是精通特殊教法的教师数量少。另外，师资队伍中还存在教师所学专业与教学任务匹配性不高、特殊教育背景缺乏等问题。按照规定，特殊教育学校生师比应为5∶1，但安徽省生师比过高，教师负担过于沉重。以安徽省特殊教育中专学校为例，生师比高达12∶1。其次，职业教育发展与义务教育衔接不够。安徽省残疾学生的义务教育尚未普及，与健全青少年相比，残疾青少年入学率低，辍学率高，这成为残疾人职业教育事业发展的瓶颈。最后，职业教育单一化，难以满足需求。残疾人的年龄、残疾类别和所在地区不同，对于职业教育培训需求也有所不同，而各种职培机构提供的培训种类单一，职业技能简单，难以满足残疾人的多样化需求。

（五）职业教育社会环境不够优化

安徽省整个职业教育培训的社会协调机制还很不完善，

各机构、部门的沟通协调还存在一定问题。根据《安徽省残疾人保障条例》要求，省人民政府残疾人工作委员会（简称"残工委"）的设立旨在协助政府组织、指导、督促有关部门开展残疾人工作。但在地方实际工作中，残工委的协调作用未充分发挥，残联部门开展工作"心有余"而"无处发力"，降低了工作效率。对残疾人家庭来说，仍有相当一部分残疾人家属对职业教育培训重要性的认知度较低，家庭支持残疾人参与职业教育培训的热情不高。整个社会关注残疾人职业教育的氛围和环境还需进一步优化。

三、提升安徽省残疾人职业教育的对策建议

（一）加强职业学校建设

一是稳步增加职业学校和培训中心数量。在残疾人口较多的地区，建立专门职业培训学校或职业培训中心；在残疾人口较少的地区，安排当地残疾人就近选择一般职业教育培训学校或培训机构进行寄宿制学习。残联和教育部门应加强对残疾人职业教育培训工作的指导和协调。

二是探索残疾人职业教育多元办学模式。探索发展股份制、混合所有制职业院校，允许以资本、知识、技术、管理

等要素参与办学，并享有相应权利。开展社会力量参与公办残疾人职业院校改革，建立混合所有制职业院校试点。建立企业参与办学机制，研究制定残疾人职业教育校企合作促进办法和激励政策。

三是适当发展残疾人高等职业教育。广泛利用高校各种资源，大力开展残疾人职业教育和职业培训。统筹规划特殊教育专业布点，选择2～3所高等院校设立特殊教育学院或开设相关专业，扩大残疾学生招收规模，进行残疾学生专门培养。在现有中职学校的基础上发展残疾人高等教育，筹建安徽省特殊教育职业技术学院。

四是积极发展多种形式的职业教育。大力发展工学交替、双元制、学徒制、半工半读、远程教育等方式的职业教育。以安徽广播电视大学为基础，建立安徽开放大学，以现代网络教育技术和丰富教育资源为支撑，采用自学、面授辅导、网络教学等相融合的学习模式，有效解决残疾人上学远及行动不便的实际困难。

（二）深化教学模式改革

一是积极完善专业课题设置。积极贯彻《特殊教育提升计划（2014—2016）》，应以残疾人福利事业与就业结合，开设符合残疾人特点的专科、本科高等学历教育专业和课程，修订盲、聋、培智三类特殊教育学校课程标准，新编改编各学科教材。结合市场需求和残疾人自身特点，积极推进特殊教育专业课程改革，开拓部分针对某类残疾人特点的职业教育专业及开放课程。

二是推进个别化教育课程设置。开展教师与学生通过网络视频、音频、电子黑板、文字、图片、动画等多种形式的全方位、无障碍交流互动。积极开设社会工作、数字媒体设计与制作、会计、法学、市场营销等，如数字媒体专业很适合存在严重行动障碍和听力障碍的学生学习。加强普特融通，在推进随班就读的同时，组织特教学校学生到普通学校交流学习，促进融合教育的全面实施。

三是加强教学应用型导向。宣扬自强自立自尊自爱的残疾人形象代表，如张海迪、胡一舟等，帮助残疾学生拥有自信心、树立学习目标。通过职业教育培训，植入富有实践特色的职业应用能力和就业能力内核，强调培训应用性，快速适应社会需求，使其在社会竞争中处于有利地位，以真正实现其个人价值，使其真正感觉到自己是社会大家庭的一员。

四是深化医教结合改革试点工作。建立特教机构和医疗机构合作制度，医疗机构要配合残联、教育等部门，选派医疗专家，定期赴特殊教育机构为残疾学生开展评估和检测工作，开展教师培训与咨询；会同任课教师为残疾学生研究制订、调整个别化教育和康复方案，提高教育的科学性、针对性和有效性。

（三）加强师资队伍管理

一是全面加强教师职业培训规划。要切实加强教师培养，科学规划、合理布点，加大特教教师的培养力度。把特教教师培训全面纳入教师培训规划和项目，"国培计划"和省级培训项目要对特教教师予以重点安排，三年内完成一轮特教教师全员培训。

二是完善特殊教育教师职称评审工作。特殊教育学校（班）教师可按照单列的特殊教育专业申报职称，其在特殊教育教学、康复、管理等工作中获得的各种奖励和研究成果均予以认定。适当放宽特殊教育教师课题研究、论文发表等方面要求，鼓励教师从事特殊教育教学工作。

三是进一步推动院校之间学习交流。加强与国内特殊教育院校之间的学习交流，国内特殊教育院校也有许多优秀理念和成功经验，值得学习借鉴。比如高等院校中的长春大学特殊教育学院、北京联合大学特殊教育学院等，师资力量雄厚，专业设置全面。又如中职学校中的上海市聋哑青年技术学校，在教育科研、校企合作方面都颇有建树。

四是稳步提升教师待遇水平。关心特教教师的工作和生活，在工资待遇、职称评聘、表彰评优等方面实行区别于一般教师的差别性政策，给予特别倾斜。特教学校教师在福利待遇水平上要高于一般教师。设置多种选优评优活动，经常性给予残疾人职业教育教师各种鼓励。

（四）加大招生管理力度

一是加大招生宣传力度。充分利用网络、电视、广播、户外广告等多种形式对职业教育进行宣传，加大对农村地区残疾人职业教育的宣传力度。普及残疾人职业教育的观念，在社会中形成关心残疾人职业教育、建设美好生活的社会风气。

二是提升招生组织能力。教育培训主体应该逐步向基层延伸，为基层开展残疾人教育培训提供师资等辅助，变基层送人上门培训为主动下基层找残疾学生来培训，尽可能满足更多的残疾人的教育培训需求，切实增强培训效果。

三是加大普惠性入学管理。对于距离特殊职业教育学校或培训机构较远地区和出行不便的残疾人群，应根据"就近、就便入学"的原则选择培训学校。支持各地依托特殊职业教育学校或培训机构，加强对随班就读、送教上门等工作的管理和服务。有计划地支持集中连片特殊困难地区内限制开发和禁止开发区初中残疾毕业生到省（区、市）内外经济较发达地区接受职业教育。

（五）提升经费保障水平

一是加大财政支持职业教育力度。按非营利性和营利性对民办职业院校实行分类管理，并实施差异化的财政支持政策。各级财政要设立特教专项经费，用于补助学校改善办学条件、送教上门教师津补贴的发放以及片区教研和教师、校长培训等专项工作的开展。省本级要安排专项经费用于特殊教育学校开展残疾人职业教育与培训。

二是规范社会捐赠渠道。职业教育学校或培训机构可在网站上发布常年需求和近期急需的物品，增强物品捐赠的针对性和实效性。设立统一的特殊教育基金会，建立完善的组织机构。加强对基金会的监管，完善监督机制。要建立自律监督机制，制定基金管理办法。

三是完善财政奖助政策体系。进一步健全公平公正、规范高效的残疾人职业教育资助政策。逐步建立残疾人职业院校助学金覆盖面和补助标准动态调整机制，加大对重度和家庭困难残疾人学生的助学力度。完善残疾人接受职业教育和培训的资助补贴政策，有关部门对残疾人参加社会化考评取得执业资格证书的，按规定享受培训补贴，积极推行以直补个人为主的支付办法。

课题组组长：辛朝惠　　刘海峰
课题组成员：陈千全　　操晓峰　　韩庭彦

安徽省农村残疾人就业
现状及对策研究

就业是民生之本，也是残疾人尤其是农村残疾人在当今社会实现自身价值，提高个人、家庭社会地位的现实途径。做好农村残疾人就业工作是践行"三个代表"重要思想，贯彻落实科学发展观，维护人民群众根本利益的具体体现，也是安徽省构建和谐社会，实现全面建成小康社会重要的一环。必须千方百计地帮助农村残疾人实现就业，大力鼓励残疾人自主创业，以不断改善农村残疾人的生活状况，提高其社会地位，保障其劳动权益的实现。

近年来，在各级政府的帮助下，在社会各界的关心下，在残疾人自身的努力下，安徽省农村残疾人就业工作成绩显著。但是由于受到各种条件的限制，工作中还存在许多困难和问题，这些问题的解决仍然必须依靠各级政府和全社会的共同努力。

一、安徽省农村残疾人就业现状分析

（一）安徽省农村残疾人的基本情况

《中华人民共和国残疾人保障法》（1990 年 12 月 28 日第七届全国人民代表大会常务委员会第十七次会议通过）指出：残疾人是指在心理、生理、人体结构上，某种组织功能丧失或者不正常，全部或者部分丧失以正常方式从事某种活动能力的人。根据此标准，截至 2006 年 4 月 1 日零时，安徽省各类残疾人总数为 358.6 万人，占总人口比重为 5.85%。当前，我国残疾人的类别主要包括视力残疾、听力残疾、言语残疾、肢体残疾、智力残疾、精神残疾、多重残疾。根据 2006 年第二次全国残疾人抽样调查安徽省主要数据公报，安徽省残疾人具体状况见表 1。

表 1　　　　　　　　安徽省残疾人类别构成表

残疾类别	残疾人数（万人）	残疾人所占比例（%）
视力残疾	70.7	19.72
听力残疾	82.0	22.87
言语残疾	5.2	1.45

残疾类别	残疾人数（万人）	残疾人所占比例（%）
肢体残疾	94.1	26.23
智力残疾	27.4	7.64
精神残疾	29.0	8.09
多重残疾	50.2	14.00

（二）安徽省农村残疾人就业状况及特点分析

1. 安徽省农村残疾人就业状况

就业比例不高。目前，安徽省农村残疾人在就业总人数及就业比例上与过去相比都有很大的进步与提高。在调研中我们发现，安徽省所辖各市有劳动能力且处于劳动年龄的农村残疾人就业率都在80%以上，成绩十分显著，但是仍存在很大的进步空间。安徽省残疾人抽样调查的有关数据显示，安徽省农村残疾人主要依靠家庭和社会的供养，残疾人靠个人劳动收入生活的比例较低，仅占30.27%，而需要家庭或亲属供养的则占60.08%，靠国家或集体救济的占2.56%，非就业残疾人的数量和残疾人贫困人口数量依旧很高，残疾人就业状况不容乐观，残疾人就业比例亟待进一步提高。

就业范围过窄。目前，安徽省农村残疾人就业途径多种多样：有从事种植业与养殖业的，也有自主创业从事个体经营的。但从总体上来说，就业范围仍比较狭窄，主要局限于种植业与养殖业，自主创业的比例较低。在农村已就业的残疾人当中，从事种植业或养殖业在各市都占到 80% 以上，就业面仍亟待进一步拓宽。

就业层次偏低。我们这里所说的就业层次主要是从安徽省已就业农村残疾人中从事体力与脑力劳动的比例来看的。虽然就业的残疾人总体数目比较大，但是，从事脑力劳动的过少，比例过低。体力劳动仍是农村残疾人就业的主要领域，在安徽省各地都占到 90% 以上。

就业环境较差。近年来，在各级政府及社会各界的努力下，安徽省农村残疾人的就业环境已经得到很大的改善。残疾人就业已经为广大人民群众所接受，许多单位已经能够自觉地雇佣残疾人，政府和社会各界也在不断地为残疾人开拓新的就业渠道，安徽省各地残疾人就业服务体系也处于不断完善之中，残疾人的社会保障机制也在不断加强，残疾人就业的社会政策环境和舆论环境都在逐步好转。但是，从总体上来说，农村的就业环境仍然不利于残疾人。首先，因为社会每年能够提供的岗位有限，而每年进入劳动年龄或从学校毕业需要找工作的人数大大超过了社会能够提供的岗位数，给就业带来很大压力；其次，某些地区对残疾人仍然存在就业歧视。有的把残疾人看成残废人，认为他们是社会和家庭的包袱，坚决不接纳就业。例如，残疾人完全可以胜任的工作，许多单位出于种种原因，并没有给予残疾人同样的就业机会，还有许多单位在招生条件中就直接把残疾人排除在外了。同时，专门为残疾人设立的就业岗位在社会上十分缺乏……不公平的就业环境给残疾人就业带来了更大的困难。

就业报酬偏低。安徽省农村残疾人在就业报酬方面还需进一步提高。虽然国家已经出台了相关政策给残疾人就业工资以切实的保障。但是，仍不排除残疾人与其他人之间存在同工不同酬的差异。目前，全国 6000 万残疾人中，有3000 万人属于低收入阶层，其中 979 万人尚未解决温饱问题。可见，残疾人的就业报酬不容乐观，还需要从总体上进一步提高。

就业风险较大。目前，残疾人的就业仍处于买方市场，竞争较为激烈。同时，残疾人就业报酬偏低，再加上残疾人就业的社会保障方面存在一定问题，导致残疾人的就业风险比较大，失业率高，就业缺乏稳定性。通过在安徽省各地市的调研，我们发现，已经就业的残疾人当中，企业很少为他们购买保险。这主要是因为个别用人单位为了节省资金而逃避给残疾人员工购买保险。有一部分用人单位也表示愿意给他们购买保险，但是由于必须买到一定年限才有效，而残疾人就业又缺乏稳定性，导致许多用人单位对此项工作望而却步。另外，许多地区由于受到各种条件的限制，尚未实现应保尽保，各级政府对残疾人所实行的各项保险制度也有待进一步完善。

2. 安徽省农村残疾人就业特点

近年来，在各级政府和社会各界的关心和帮助下，以及残疾人的自身努力下，安徽省农村残疾人就业工作已经取得了显著成就，从就业率到就业质量都有了很大的提高与进步，但是，在某些局部地区仍有许多问题存在。总体上说，安徽省农村残疾人就业主要呈现出如下特点。

整体情况得到改善，就业工作不断向前推进，但是残疾人就业工作的任务仍然十分繁重。从我们调研的状况来看，合肥、淮北、六安、铜陵各市农村残疾人就业率都已经达到80％以上。铜陵农村有劳动能力且在劳动年龄范围内的残疾人就业率达到90％；合肥市肥东县农村残疾人就业率达到82％左右，而淮北农村残疾人就业率达到95％以上。这些都充分体现了近年来安徽省在农村残疾人就业工作方面所取得的显著成效。但是与发达国家或地区相比，就业率仍亟待进一步提高，许多有劳动能力的残疾人仍然需要摆脱依赖家庭和社会供养来维持生存的状况，农村残疾人就业事业仍存在很大的上升空间。

就业结构趋于合理，但仍未从根本上改变单一性的局面。过去安徽省农村残疾人就业主要从事的是种植业和养殖业，在就业结构上主要是体力劳动，脑力劳动所占比例极少，生产方式与管理方式主要是传统型的，比较落后。近年来，就业结构与过去相比，已经有了很大的改变。除了传统的种植业、养殖业之外，出现了许多自主创业者。此外，安徽省农村残疾人就业还有集中安排就业的与按比例安置的就业等多种方式。淮北、合肥等市在残疾人就业中，鼓励福利企业发展，集中安置残疾人。合肥市肥东县采取了"安人、收金、培训"为一体的工作原则,按比例安置残疾人185 名。淮北市对于农村残疾人就业还实行"培养技能—联系单位—实现输出性就业"的一条龙服务。这样一来,许多农村残疾人也从事一些技术工作与脑力劳动的工作,就业结构逐步趋于合理。但是,广大农村残疾人就业结构仍然不合理,单一性的局面并没有得到根本改变。

就业服务体系进一步改善,服务水平进一步提高,但仍存在不少亟待解决的问题。近年来,随着政府高度重视残疾人事业,社会上对残疾人就业的观念也有所改变,残疾人就业服务体系处于不断的完善当中。淮北市在残疾人就业服务方面就做了大量工作,如健全基层残联组织机构建设,使得基层残联"有人办事、有钱办事、有房办公、按章办事";建立、健全县级以上残疾人劳动就业服务机构;切实贯彻各项残疾人就业措施;建立残疾人维权机制,切实保障残疾人就业权益。铜陵市在农村残疾人就业服务方面,也采取了抓就业、促培训等许多切实有效的措施。近两年来,利用残疾人就业保障金,免费对农村残疾人进行各种形式的实用技术培训,共培训残疾人 1300 多人。培训方式因地而异,因人而异,十分灵活。有基地培训,帮扶培训,专家授课,以师带徒等多种方式,尽可能地为残疾人提供培训,为残疾人就业提供服务。

就业措施上有不少创新之处,但是就业渠道仍需进一步拓宽。从安徽省各个地市的调研中发现,在农村残疾人就业措施上有许多创新点。如合肥市肥东县 2005 年实施了"扶贫助残百头小牛进农户"试点工作：先在 4 个乡镇实施，首期投入资金 7 万余元，购买小牛 60 头，无偿扶持特困残疾人 60 户。在试点的基础上，2006 年扩大了实施规模，并把这项措施与"万人就业工程"有机结合，继续做大此项目。同样，淮北市在残疾人就业途径方面也有许多亮点。该市实行了"千人千元百万扶贫就业工程"，扶持残疾人自主创业，802 名农村残疾人从中受益。他们利用此资金发展种植养殖业或从事自主经营，解决就业问题，逐步脱贫致富。铜陵市在农村残疾人就业方面采取了培育岗位、促进就业的措施。在新农村建设过程中，新项目的实施为残疾人提供了新的就业岗位。"村村通工程"完工后，铜陵市部分村委会组织本村残疾人承包全村路面的保洁工作，解决了部分残疾人的就业问题。同时，在"一村一品"项目实施中，铜陵市抢抓机遇，主动出击，积极联系有关村委，要求在发展项目时优先考虑残疾人就业工作。如郊区建立无害蔬菜基地、开办净菜加工厂时，就全部安置本村和邻村有劳动能力的残疾人到此就业……以上是安徽省农村残疾人就业工作中所呈现出的一些亮点，要想进一步推进安徽省农村残疾人就业，还需要我们广开就业门路，不断开拓就业渠道。

就业环境不断得到改善，但整体环境仍需进一步优化。到目前，安徽省已经陆续出台了许多促进农村残疾人就业的政策。2007 年，省委组织部、省财政厅、省残联联合印发了《安徽省残疾人"万人就业工程"实施方案》，计划 2007 年安徽省扶持 10000 多名残疾人，对每位扶持对象无偿提供 1000 元作为启动资金或开办经费，帮助其实现就业。在项目实施过程中，专门强调各地要向农村残疾人倾斜，确保农村残疾人实现创业或就业。同时，各地也都出台了许多相关政策措施。如《淮北市按比例安排残疾人就业办法》《肥东县机关团体事业单位残疾人就业保障金征收暂行办法》等都有力促进了残疾人就业服务，保障残疾人就业政策的稳定性与持续性。但是，要想彻底解决残疾人就业问题，还需要更多的政策支持、社会关爱和舆论营造。

二、安徽省农村残疾人就业中存在的主要问题

安徽省农村残疾人抽样调查的有关数据显示，残疾人靠个人劳动收入生活的比例较低，仅占 30.27%，而需要家庭或亲属供养的则占 60.08%，靠国家或集体救济的占 2.56%。非就业残疾人的数量和残疾人贫困人口数量依旧很高，残疾人就业状况不容乐观。

（一） 就业环境不容乐观

一是就业形式日益严峻。我国人口众多，劳动力总量大，农村劳动力 5 亿多人，城镇劳动力 2 亿多人，而且每年新增劳动力也在不断增加，特别是每年都有大量从高校毕

业的竞争者走向社会，甚至还有往年积累下来的求职者的存在，这些都使得社会提供的原本就非常有限的岗位竞争更加激烈。这对于处于社会弱势地位的农村残疾人来说，就业竞争更加处于不利地位。劳动力市场处于供大于求的局面在相当长的时期内不可能消除。二是社会歧视与偏见依然存在。社会上部分人对残疾人就业抱有偏见，有的把残疾人看成残废人，认为残疾人是社会和家庭的包袱，很多单位不愿接纳残疾人就业；有的碍于形势和安置残疾人就业政策的压力而勉强执行，使得残疾人与正常人同工不同酬；个别私营或"挂靠式"福利企业，招聘残疾人的主要目的是获取国家有关方面的优惠政策，只招其名不招其人，残疾人并没有到企业实际上班，每月仅得到 100 元左右的生活费，残疾人的劳动就业权利并没有得到保障。三是农村福利企业发展滞后。农村残疾人安排在福利企业就业，仍是残疾人就业的重要渠道。但是，目前安徽省农村福利企业发展滞后，难以满足农村残疾人集中就业的需求。如铜陵市农村残疾人共有 17971 人，而福利企业只有 32 家，现仅集中安置残疾人 137 名，占该市农村残疾人总数的 0.8%；合肥市肥东县农村共有残疾人 54400 人，全县一共只有 4 家福利企业，仅集中安排了残疾人 52 人，占该县农村残疾人总数的 0.1%。安徽省其他地市也普遍存在这种现象，严重阻碍了农村残疾人就业目标的实现。

（二）就业途径过于狭窄

目前，安徽省残疾人就业的途径主要有：在机关、团体、企事业单位与城乡集体经济组织按照一定比例安排残疾人就业，在福利企业集中安排就业和残疾人自主就业。农村残疾人相对于城市残疾人就业途径狭窄很多。目前，安徽省农村残疾人就业的主要形式仍然是种植业与养殖业，占农村已就业残疾人的80%以上。可见，安徽省农村残疾人就业形式过于单一，就业途径过于狭窄，依旧需要各级政府进一步拓宽就业途径，不断拓展新的就业渠道。

（三）就业缺乏资金扶持

一是安徽省对残疾人就业总体投入不足。各地政府和残联对于推进农村残疾人就业都有许多好的项目计划，如合肥市肥东县计划建立专门的残疾人康复机构等，但这些项目大多由于资金的限制而不能很好地实施，只能停留在构想层面上。二是对残疾人组织机构建设也缺乏资金投入。各地市普遍反映基层残疾人工作者的编制只到县级，县以下不仅缺乏编制，而且对于残疾协理员、村级助理员等人员的基本生活补助都很难兑现。这种名实不符的状况极大地影响了基层残疾人工作者的积极性。三是对残疾人自主创业资金扶持不够。安徽省农村残疾人中有不少是自主创业的典范，他们当中有做摩托车代理与维修的、有从事个体经营的，等等，这些残疾人企业在创业过程中，普遍缺少发展资金。有些地方的当地信用社最多只能提供 5000 元的小额贷款，根本解决不了企业发展问题。这是残疾人企业发展的瓶颈制约因素。

（四）就业服务体系（网络）不健全

在各地调研中发现，安徽省多数地方缺乏专门为残疾人表达意愿的机构。残疾人遇到问题时，找不到合适的部门帮助解决，使得许多残疾人缺乏归属感与安全感。残疾人与用人单位之间沟通信息不畅，特别是部门之间、城乡之间、地区之间条块分割，信息交流不畅，资源不能共享，许多城镇的福利企业用人时却招聘不到残疾人，而农村残疾人又苦于找不到工作。调研还发现，部分残疾人培训基地没有了解市场需求，残疾人的培训目标与市场需求之间不相适应，残疾人在就业市场中仍然难以找到适合自己的工作。

（五）就业保障政策法规不完善

近年来，安徽省虽然出台了一些促进残疾人就业措施，但与残疾人就业需求不能完全适应，有的针对性不强，有的设限过多，不够宽松。在保护残疾人就业权利方面，缺乏刚性的、可操作性强的政策法规。在调研中发现，许多地方申办福利企业条件限制苛刻，设置门槛过高，使得农村残疾人主要就业途径的福利企业发展受到了严重的限制，阻碍了农村残疾人劳动就业权利的实现。由于安徽省地理跨度较大，南北生产生活方式有别，有的政策在一个地方实行的效果较好，而在另一个地方却无法实施。所以，各级政府在制定政策时一定要考虑综合因素，增加基层政策的可操作性。

（六）残疾人自身素质有待进一步提高

残疾人在激烈的劳动力市场竞争中处于弱势地位，虽然与社会大的就业环境、政府政策等外界因素有关，但也不可忽视残疾人自身素质方面的因素。一是残疾人身体素质偏差。残疾人大多是身体某项机能出现问题或无法正常活动，身体素质与其他人相比处于弱势，在就业起点上就被排除在许多工作之外。二是农村残疾人有的分布在边远地区及自然条件较差的山区，交通不便，信息闭塞，缺乏就业的最基本的知识与技能。三是残疾人心理素质较差。与健全人相比，残疾人往往更加容易形成自卑心理。有的由于对自己缺乏信心，而阻碍了他们奋斗的步伐；有的甚至因为自卑而形成自闭心理，不愿与人交流，变成了真正意义上的"异端"。四是部分残疾人就业观念落后。许多农村残疾人对于给他们安排的工作挑挑拣拣，没有树立正确的择业观，导致部分残疾人就业难。

三、安徽省农村残疾人就业采取的主要途径

（一）兴办福利企业，实现集中型就业

兴办福利企业是实现农村残疾人集中就业的重要途径，兴办福利企业的首要目的在于为残疾人就业创造载体，帮助残疾人行使宪法赋予他们的劳动权利，使他们能够同健全人一样平等地参与社会活动，并通过劳动摆脱贫困走向富裕，成为自食其力的劳动者。我国实现残疾人就业的所有方式中，在福利企业中集中就业的残疾人数约占农村残疾人就业总数的 28.7%，江苏省在福利企业中就业的残疾人占农村残疾人就业总数的 32.2%，江西省在福利企业中就业的残疾人占农村残疾人就业总数的 30.4%，在安徽省约占 23.2%，比全国平均数低约 6 个百分点。兴办福利企业，实现残疾人集中就业，要求政府制定包括减免税在内的一系列扶持政策。安徽省民政厅年初会同省国税局、省地税局下发通知，适当调整福利企业年检认证范围，包括"民政部门（含福利院、敬老院、干休所、殡仪馆等）、街道（居委会）、乡镇、残联等部门举办的社会福利企业"，"可以用资金、技术、土地、房屋、机器设备参与"，积极鼓励并引

导社会力量办福利企业。福利企业在农村残疾人就业中的作用越来越大。残疾人集中就业有了长足发展，截至 2007 年 6 月底，安徽省福利企业总数已达 10751 家，安置 26.1 万残疾人就业，占有就业能力的残疾人总数的 21.1%。其中安置农村残疾人 8.3 万人，占安置残疾人总数的 22.99%，为农村残疾人就业做出了重要贡献。事实证明，兴办福利企业是扩大农村残疾人就业的重要途径。

（二）强化政策支撑，实现按比例就业

按比例安排残疾人就业是解决残疾人劳动就业的战略性、政策性办法，也是政府解决残疾人就业的刚性措施。北京市于 2002 年最早进行按比例就业试点，2003 年逐步推广。安徽省于 2004 年颁布省政府 165 令，强制推行这项政策，但这项工作还处于初创阶段，执行的力度有待进一步加强。全国按比例就业的残疾人占残疾人总数的 11.4%，农村这一比例要低 3 个百分点左右，安徽省按比例就业的残疾人占残疾人总数的 8.1%，低于全国平均水平，值得关注的是在安徽省农村的这一比例更低，仅占 3.42%，这就要求安徽省政府部门必须转变观念，创新体制与机制，努力做好残疾人的按比例就业工作。一是要实现机制创新。建立就业服务的专业性机构，残疾人劳动就业服务所是残疾人就业服务的专业性机构。甘肃省武威市 2001 年正式设立残疾人劳动就业服务所，设机构定编制，全面负责全市残疾人劳动

力资源管理和就业岗位的信息采集、求职登记、劳动能力评估、失业登记、就业培训、职业介绍等工作，2006 年全市按比例安残 912 人，进入企业工作的有 862 人，其中农村残疾人 176 人，占按比例安残总数的 19.29%，二是要实现内容创新。残疾人按比例就业工作是一项系统工程，要突出"关爱"。在残疾人按比例就业上，应强化三种意识：一是大局意识，明确残疾人就业是全社会的责任；二是职能意识，明确各部门根据各自职能抓好按比例安置就业；三是求实意识，明确提出一系列可行性方案注重实际效果。内容创新的关键在于找准工作的结合点，武威市的经验是把安排就业与培训结合起来，切实提高工作实效。

（三）购买公益岗位，实现安置型就业

政府购买公益岗位安置就业是实现残疾人就业的重要途径，充分体现了政府对残疾人的特殊关照。在美国、德国、意大利、新西兰等国家，政府购买公益岗位安置具有就业能力的残疾人就业比例均在 10% 以上，如在美国，残疾人清洁岗位、一定比例的加油站岗位等 26 个工种、576 个岗位只允许残疾人就业。美国政府购买公益岗位安置残疾人就业占残疾人就业总数高达 17.7%，新西兰的这一比例更高达 19.1%。安徽省政府部门购买公益岗位，安置残疾人就业的比例比较低，不到具有劳动能力残疾人就业总数的 5%。实现有就业能力和就业愿望的残疾人就业率达 95%，

政府购买公益岗位，安置就业 212 人，占残疾人就业总人数的 9.8%，其中，安置农村残疾人 42 人，占安置总数的 19.81%。成都市政府购买的公益岗位主要集中在三个方面：一是政府部门的部分岗位，如文秘、保秘等；二是事业单位的部分公益岗位，如学校、医院等单位的公益岗位；三是部分企业的岗位。政府对企业实现财政补贴，实现残疾人就业。公益性岗位就业相对稳定，深受残疾人欢迎。

（四）鼓励项目助残，实现扶持型就业

市场经济倡导公平竞争，但对于残疾人来说，如果没有必要的保障措施，单靠市场这只"看不见的手"是无法给残疾人一个公平、合理的竞争氛围。政府要加大对残疾人就业扶持力度，在政策上实行一定程度倾斜，并制定相应的优惠措施和扶助政策，鼓励项目助残，实现扶持型就业。2007年，武汉市政府着重扶持 4 个项目：创建 10 个残疾人职业技能培训基地，对 2000 名残疾人实施职业技能培训；创建 10 个残疾人就业安置基地，帮助 1500 名残疾人实现就业和再就业；筹资 350 万元，对考入和在读中专以上院校的特困残疾人子女和残疾学生，实施助学计划；持续开展"扶残解困进万家"送温暖工程，扶助失业下岗和未实现就业的贫困残疾人家庭 2100 户，同比增长 59.2%。有力地促进了城乡残疾就业。安徽省经济基础较为薄弱，残疾人的经济状况较差。针对这一状况，要因地制宜，以县级残疾人劳动就

业服务所和残疾人扶贫服务社为基础，开展农村残疾人种、养业扶贫开发。可以尝试在抓好面上残疾人种养业项目扶持的同时，注重抓好扶贫基地建设。基地建设的出发点是作为带动和帮助一部分贫困残疾人就业和加快脱贫致富的一种形式，由单位和个人创建残疾人扶贫基地，并将建扶贫基地的资金作为一种奖励。通过基地向周围辐射，直接为残疾人贫困户提供脱贫项目和技术指导，带动残疾人贫困户脱贫致富。

（五）重视技能培训，实现输出型就业

劳务输出是扩大农村残疾人就业的有效途径，有效的劳务输出必须以技能培训为前提。鉴于农村残疾人大多行动不便，经济条件差，在选择技能培训上存在诸多困难，要取得成效，关键在于：一是残疾人就业要实事求是，扬长避短，充分发挥自己的才能，做到不同类别不同编班，确保学以致用；二是残疾人培训应确保非营利性，为了支持残疾人，就业前的培训应减免培训费，这部分费用和培训机构的费用可以通过向政府申请财政拨款来解决，也可以从征缴的残疾人就业保障金中列支。农村残疾人的职业技能培训要求政府制定农村残疾人就业培训整体规划，建立和完善农村残疾人就业培训体系，逐步形成"市场引导培训、培训促进就业"的良性机制。宜采取残联与社会相结合的培训方式，举办各种类型的实用技术培训班，建立适应残疾人

要求的常年性、专业性职业培训中心，形成农村残疾人培训的专业队伍。同时，积极探索残疾人培训与劳务输出相衔接的机制，对残疾人群既要"授之以鱼"，劳务输出更要"授之以渔"，使其学会和掌握一技之长，增强他们自身的造血功能。要通过残疾人的就业培训，使其大部分残疾人员由简单介绍就业转为市场中竞争就业。为拓展就业空间，还应大力促进残疾人劳务输出，筹建残联网站，设立残疾人就业培训、职业介绍等网页，健全劳务信息网络，为残疾人提供快捷、安全、准确的信息服务，把技能培训就业介绍、就业服务管理融为一体。

（六）鼓励自谋职业，实现自主型就业

自谋职业是劳动力资源市场配置的基本途径。残疾人自主择业是市场经济条件下就业的基本模式。鼓励残疾人自谋职业，一是要鼓励残疾人转变就业观念，自主就业。残疾人要消除心理阴影，摆脱传统体制下依赖政府安排就业的心理，不能只等政府微薄的补助，大胆走出去，积极到劳动力市场和人才市场上择业，政府同时要做好市场建设和残疾人就业保障等工作。二是要鼓励残疾人开办个体私营企业，自谋职业和自主创业。政府在残疾人自主创业中要落实好各项优惠政策，减轻他们的经营成本。江西省东乡县邓家乡岭下村村民危样仁虽然腿脚不便，但通过刻苦学习，掌握了过硬的理发技术。近年来，他先后招收徒弟83名，成为

该县残疾人自尊、自信、自强、自立的榜样。在东乡，像危样仁这样奋力拼搏、摆脱贫困的残疾人共有 1.4 万人，占全县残疾人总数的 70% 以上。秦皇岛市支持残疾人自谋职业和自主创业，市残联积极同工商税务等部门协调并出台相关政策，为有个体愿望的盲人免费办理了工商执照，并做到上门服务。几年来，经市残联牵线搭桥，已有 36 位盲人走上了个体开业的路子。2007 年 4 月，安徽省委组织部、省残联、省财政厅决定实施"万人就业工程"项目，扶持残疾人自谋职业，自主创业，减轻家庭和社会负担，摆脱贫困，走上富裕之路。

四、安徽省农村残疾人就业对策和建议

（一）加大宣传力度，创建扶残助残的良好社会氛围

社会观念与意识是残疾人就业需要的良好社会环境，对促进农村残疾人就业有着重要的影响作用。要充分利用电视、广播、报刊、网络等现代信息媒体，广泛宣传残疾人就业的重大意义与先进典型，加大宣传力度，形成扶残助残的舆论导向，为农村残疾人就业提供良好的社会氛围。

从观念和制度上消除歧视和偏见。残疾人就业宣传工作的重点之一应是转变观念，全社会要重视维护残疾人就业的权益和平等就业政策的有关规定，积极倡导文明的残疾人就业观，将残疾和能力分开，强调残疾只是身体的残疾，不是能力的残疾，努力营造有利于残疾人就业的社会环境，关心和帮助残疾人，为他们创造条件，促使其通过就业这种方式更好地融入社会。同时，要从制度入手，逐步采用以能力为主的用人标准，打破歧视和限制残疾人的条条框框。在完善残疾人就业法律和规章的同时，建立监督机制，加强执行力度。

建立联席会议制度。促进农村残疾人就业不单纯是残联和某些部门的工作而应是整个社会的共同责任，是一种社会义务，需社会各个方面的协调、配合和大力支持。建议建立以残联为主体，以政府为主导，民政、财政、劳动保障、农业、教育、工商、税务等部门积极参加和配合的联席会议制度，协商解决残疾人就业中的问题和困难，落实农村残疾人就业各项政策，有针对性地做好就业中的各项工作，促进、推动农村残疾人就业。

（二）完善就业培训机制和培训基地建设，提高农村残疾人综合素质和就业竞争能力

调查表明，农村残疾人就业的难点之一是残疾人自身的综合素质不高，存在"二低"现象，即"文化水平低，

技能水平低"。限于地理位置、人文环境、经济条件等因素的制约，农村残疾人大多数处于较为封闭的生活状态，受教育机会较少，文化素质不适应现代市场经济的需要，所以做好农村残疾人就业工作，应开展多层次、多形式的就业技能培训，完善残疾人培训基地建设，提高残疾人就业竞争能力。

加强实用技术培训，提高农村残疾人业务素质。应结合市场需求，开展多层次多渠道的实用技术培训，努力做到"四个结合"，即集中办班与实地讲解相结合、市级培训与乡镇培训相结合、技能培训与素质培训相结合、残联培训与委托培训相结合。要针对农村残疾人自身情况进行培训，一是职业技能培训与农村中短期实用技术培训相结合，主要项目集中于花卉、瓜果、蔬菜、树木栽培及病虫害防治、家禽、水产养殖等；二是农村中短期实用技术培训与生产和扶贫相结合，高效利用农村扶贫资金，提高残疾人就业能力，防止扶贫后"返贫"现象的增加，变"输血"式扶贫为"造血"式扶贫；三是初级职业技能培训与中高级职业技能培训相结合，以开展初级职业技能培训为主，在条件成熟的地方和基础较好的专业，适当开展中高级培训，项目集中于保健按摩、足疗足浴、家电维修、电脑网络操作等；四是就近就业、创业和输出就业相结合；五是针对不同类型的残疾人举办不定期的主题培训，帮助残疾人掌握一技之长，提高残疾人回归社会和自食其力的能力。

加强培训基地建设。由于受资金和场地的限制，残疾人的职业技术培训还不能充分满足残疾人的需要。借鉴安徽省和外省的经验，可以借助农村职业技术学校或农业部门培训场地，搭建农村残疾人实用技术培训基地和培训服务平台，借助基地比较完善的培训场地及便利的残疾人生活设施，聘请农业技术员，畜牧养殖专家任教，主要在种植、养殖及农产品加工方面对残疾人进行有针对性的培训。经过培训后的学员可在全区范围内的企业、渔场、花卉苗木基地得到安置，也可以组织起来从业或个体开业，这也是在当前就业竞争压力大的情况下，解决就业的有效途径。

完善残疾人就业服务机制和服务网络。安徽省80%左右的残疾人生活在农村，其劳动就业的主要形式是从事种植业、养殖业、手工业和家庭副业。目前，县残疾人就业服务所的组织形式、职能和工作手段，难以为农村残疾人参加生产劳动和就业提供有效服务。借鉴省外经验做法，建议在已有残疾人就业服务所的基础上，进一步建立和完善面向农村残疾人就业的服务体系。可以依托县残疾人就业服务所，设立县残疾人就业服务社，乡、镇设立残疾人就业服务分社。县残疾人服务社和服务分社，在各级残联的领导下，以服务为宗旨，不以营利为目的，其主要职责是：全面调查掌握本地区残疾人劳动就业和生产状况，组织和扶持农村残疾人从事种植业、养殖业、手工业、家庭副业等多种形式的生产劳动，提供产前、产中、产后综合配套服务，承担残疾人扶贫脱困的日常工作，提供小额信贷资金到户，落实扶持措施到户，开展生产服务到户。

（三）加大政策扶持力度，鼓励帮扶农村残疾人就业

各级政府要从实际情况出发，适时调整工作思路，加大对农村残疾人就业的扶持力度，建立健全农村残疾人就业的社会义务机制、履约责任机制、监督检查机制和工作协商机制。结合安徽省实际，建议着重从以下几方面加大对农村残疾人就业政策的扶持力度。

大力兴办福利企业集中安置农村残疾人就业。发展福利企业，集中安排残疾人就业，是残疾人就业的重要途径。限于农村经济条件，福利性企业较少，农村残疾人就业力度受到了一定程度的制约。要放宽农村福利企业的申报条件的政策，政府应通过各项优惠政策，鼓励发展福利企业，通过招商引资、联合经营、税务优惠、股份制等形式，积极创办福利企业并加强管理，使福利企业健康发展，保障有能力的农村残疾人得到妥善安置。

认真落实按比例就业的有关规定。尊重残疾人的价值，发挥他们的潜能，保护他们的就业权利，是国家和社会义不容辞的责任。通过政策扶持，改变按比例就业成为按比例"救济"、按比例"收钱"的状况，认真落实按比例就业的有关规定。建议在政府和企事业单位优先实现按比例安置残疾人就业。

鼓励农村残疾人自主创业。工商、税务等部门要根据残

疾人保障法和有关税收法律法规的规定，制定、完善扶持残疾人个体就业和自愿组织起来就业的优惠政策，除安排长期低息贷款用于创业外，在税收方面也实行重点优惠政策。对个人或自愿组织起来从事个体经营的残疾人要根据需要，在资金上予以扶持，在经营场地上提供方便，在税收上提供优惠政策。

创新机制，提供农村残疾人就业的有利政策环境。一是加大《残疾人就业条例》配套法规政策建设力度，研究制定《安徽省促进农村残疾人就业暂行办法》，提供针对农村残疾人就业的专门优惠政策；二是相关部门制定和完善残疾人就业服务制度、失业登记制度、就业援助制度和求职登记制度等；三是研究制定农村残疾职工特殊照顾政策。

（四）建立健全农村残疾人就业服务体系和服务网络

目前，安徽省17个市106个县（市、区）全部建立了残疾人就业服务机构。各级残联及残疾人就业服务机构在认真做好残疾人技能培训、职业咨询、就业中介、劳务输出、劳动维权和失业登记等方面发挥了积极作用。

建立信息沟通平台。一是建立专门的残疾人网站，搭建残疾人与政府和社会的信息沟通平台，听取残疾人的意见，让残疾人表达意愿；同时，也有助于建立用人单位和残疾人之间的互动。二是建立残疾人就业调查统计体系，为企业用人和残疾人就业提供便利。加强残疾人就业市场体系建设，建立各级劳动力市场、公共就业培训机构与残疾人就业服务机构的协作机制，逐步实现信息互联，推进残疾人就业信息网建设。三是加强就业市场与残疾人培训基地的沟通，使培训出来的残疾人能真正适应市场需求。农村残疾人就业应逐步做到城乡一体化，以城带乡，以工促农，城乡联动，整体推进。

设立专门服务机构。我国的港、澳、台地区就设有为残疾人就业服务的专门机构，如香港设有社会福利署，专门为残疾人提供服务。建议安徽省借鉴外省市和发达地区经验，建立专门为残疾人做实事解难题的服务机构，并完善各部门主要职能。一是健全完善基层残联组织机构。建议村级配备专职残疾人专干，以使基层残联开展就业服务"有人办事""有钱办事"。2005 年以来，安徽省阜阳市在村级残联配备了残疾人专职委员，铜陵市配备了社区残疾人专干，肥东县正在开展在全县范围内选聘乡镇残疾人协理员，这些举措大大推动了基层残疾人就业服务工作，同时也为残疾人就业开拓了一条新的渠道。建议配备村级残疾人专干能尽快在安徽省推开，其工资性补贴和有关经费由省、市、县（区）共同分担。二是建立健全县以上残疾人劳动就业服务机构。规范管理，提高机构的服务能力，积极推动机构在按比例就业安置、职业介绍指导、劳务输出等方面的积极作用。三是加强残疾人就业维权机构建设。完善残联系统劳动保障法律监督员执法队伍，宣传残疾人就业政策法规，监督用人单位遵守劳动保障法律法规，配合劳动监察部门切实做好农村残疾人就业的保障工作。

（五）加大投入，为农村残疾人就业提供资金保障

资金投入是残疾人就业工作的有效保障。残疾人就业工作中无论是社会宣传、教育保障、就业培训还是服务帮助，各项工作的开展都离不开资金的支持。为推动农村残疾人就业，各级政府应加大投入，为农村残疾人就业提供资金保障，这是开展好残疾人就业工作的必要之举。

加大残疾人保障金的征收力度并完善其使用途径。一些单位出于企业形象、医疗支出、劳动福利等方面考虑，既不雇用残疾人工作也不按时足额缴纳残疾人就业保障金。2006 年省财政厅、省残联为规范残疾人就业保障金的使用管理出台了《关于进一步加强残疾人就业保障金使用管理的通知》，规定了残保金的使用原则、方法、程序、项目和监管措施，较好地解决了安徽省残保金的使用"瓶颈"问题，有力地促进了残疾人就业工作。建议进一步完善残保金的管理和使用，使其专项用于发展残疾人劳动就业的同时，能够给予暂不能就业或暂时失业、无劳动能力而生活困难的残疾人一定的保障。

加大省、市、县各级财政对残疾人工作的投入。包括购买公益性岗位，解决弱势群体就业，培育岗位促进就业；免

费为残疾人农户提供技能培训，赠送科普书籍，现场指导；优先购买残疾人生产的产品和残疾人提供的服务；个体就业符合条件的可按有关规定申请小额担保贷款；从事个体经营减征个人所得税等方面。

设立奖励基金。加大先进单位、先进个人表彰奖励力度，对在农村残疾人就业工作中做出突出贡献的集体和个人给予奖励，以激励先进，推动残疾人就业工作扎实有序开展。

（六）完善法律和监督机制，切实维护农村残疾人劳动就业权益

随着安徽省法治建设的不断完善和健全，安徽省残疾人就业法治建设也取得了明显成效，初步形成了以《残疾人保障法》和《安徽省实施残疾人保障法办法》为主体，以有关法律、法规、规章为配套的残疾人事业法律法规体系，同时，各级人大和政协也加大了对残疾人各项法律执行力度的检查和督促，有力地促进了安徽省残疾人事业的发展。但针对农村残疾人就业的法律还存在不完善和不足之处，少数单位和个人对残疾人就业法律功能的认识也存在一定的缺陷。为此，应进一步完善法律和监督机制，强化农村残疾人就业执法力度的督查。

加大《残疾人就业条例》配套法规政策建设力度。一是提请省人大颁布残疾人就业法规，完善残疾人就业的法

律、法规和政策体系，初步形成市场经济条件下促进农村残疾人就业的政策体系；二是积极创造条件，充分发扬民主，让更多的残疾人参与残疾人就业法规政策决策过程；三是及时推广地方的先进立法理念和先进立法经验，把地方好的法规制度尽可能地吸纳到法律、法规之中，并适时地把较为成熟的政策措施上升为法律制度，使农村残疾人就业有法可依，有章可循。

完善残疾人就业法律救助体系。建议建立由司法、民政、残联等部门相互配合的农村残疾人就业法律救助工作小组，研究解决农村残疾人就业在侵权维权时遇到的法律援助困难，对各种不按比例缴纳残疾人就业保障金、以生理缺陷为借口不按规定安置残疾人就业或是其他任何违反残疾人就业法律的行为予以严肃处理。

加大农村残疾人就业工作督查力度。明确各级残联及相关部门的职责与功能，加大农村残疾人就业工作实施力度的督查，同时将残疾人就业工作与激励奖励措施相挂钩，通过激励与督查共同推进农村残疾人就业工作。

（七）完善残疾人社会保障体系，提高农村残疾人社会保障水平

残疾人是社会的弱势群体，农村残疾人更是其中的薄弱环节，他们不仅需要全社会的尊重、理解和支持，更需要全社会的关心、关爱、关怀，合法权益需要得到切实保障，

在医疗、教育、参与社会发展等方面得到更多优惠和照顾。因此，进一步完善残疾人社会保障体系，制定倾斜于农村残疾人的社会保障政策，通过社会保险、社会救济、社会福利与服务，使广大残疾人能够学有所长、老有所养、病有所医、住有所居、贫有所扶、难有所帮，不断提高其社会保障水平，使残疾人能够和全体人民一道共享社会主义改革发展的成果，对于贯彻落实科学发展观，构建和谐社会和全面实现小康具有重要的理论和现实意义。

依据安徽省实际，借鉴发达地区经验做法，建议安徽省农村在"十一五"期间逐步建立并完善以下几方面残疾人社会保障体系。

完善残疾人基本生活保障体系。基本生活保障是残疾人实现就业的物质基础，包括食物、衣着、医疗、住房等最基本的需求保障。应尽快将收入低、就业不稳定的残疾人纳入低保和合作医疗制度中，建立残疾人大病救助制度，对无法自理的残疾人全部实行集中供养。除了政府向全社会实施的最低生活保障之外，还应根据农村残疾人的特殊性由政府财政直接提供必要的、额外的补助和津贴，适时调整特困残疾人家庭专项补助覆盖范围，解决农村贫困残疾人住房困难，保障农村残疾人基本生活，使处于社会最底层、最困难、最需要帮助的残疾人得到实实在在的利益，也使他们通过这些保障，得到必要的扶助，逐步渡过生存的难关，建立起克服困难的信心和勇气，为参与社会、实现就业等权利建立现实基础。

完善残疾人康复保障体系。这是残疾人实现就业，回归社会的首要条件。一人康复，全家幸福。残疾人康复后就业竞争力也会随之得到加强。政府应加大对贫困残疾人的康复投入，逐步建立和完善以医疗康复为重点，社区康复为基础，家庭康复为辅助的社会康复工程。由残疾人康复服务中心和社区的康复服务网络以及送医送药上门的志愿者和康复队伍组成，其宗旨是为农村残疾人提供就近、便利、收费低廉甚至免费的保障性康复服务，以帮助改善其身体素质，促进就业。

完善残疾人教育保障体系。应着重以下几个方面：一是切实保障农村残疾儿童受教育水平，统筹安排视力、听力、语言等方面残疾的儿童义务教育规划，提高农村残疾儿童的入学率；二是加强特教学校和特教班的建设，巩固以形式多样、布局合理、随班就读和特教班为主体，特教学校为骨干的农村残疾儿童义务教育体系；三是加强特殊教育师资队伍建设，增加数量，提高质量；四是建立健全农村残疾人助学金制度，确保农村残疾人学生普遍享受"两免一补"政策，保障符合国家录取标准的残疾学生接受中等以上教育，同等条件下，优先提供助学金和教育贷款。通过保障受权残疾人参与社会普通教育的权利，加大其与社会的融合度，提升其自尊、自强、自立、自信的心理素质，以适应就业中激烈竞争的需要。

完善残疾人参与社会的保障体系。社会有必要采取各种措施，提供各种条件来消除隔阂，减少侵害，实现残健共融、共享、共进，共同建设和谐美好的社会。这就要求我们在文化、体育、信息、环境等方面建立起一个满足残疾人参与社会的保障体系，如建立无障碍环境体系（通行上的无障碍、生活上的无障碍和交流上的无障碍等），包括城市道路上的盲道、无障碍电梯等，还有电视上的手语翻译、无障碍公共汽车、无障碍洗手间等。只有大力建设和发展无障碍环境，使之成为一个覆盖全社会的公共体系，才能使社会实现残疾人"平等、参与、共享"的目标。

课题组组长：辛朝惠　　凌宏彬　　刘海峰

课题组成员：王长丰　　王廷民　　范伟军　　常小美

安徽省残疾人就业现状、
问题与对策研究

一、安徽省残疾人就业现状

（一）就业形式呈现多样化趋势

近年来，随着经济社会的发展，安徽省残疾人集中就业总体规模稳定增长，用人单位按比例安置就业人数不断增加，残疾人自主创业、个体从业和灵活就业迅速发展。在这些传统就业模式的基础上，不断探索新的就业模式，公益性岗位就业、社区就业、居家就业、辅助性就业成为残疾人就业新的增长点，已成为残疾人就业新渠道。2013 年，安徽省城镇残疾人在业 162256 人，其中，集中就业 27385 人，本年新增 6152 人；按比例就业 26137 人，本年新增 4280

人；个体及其他形式就业 104279 人，本年新增 21971 人；公益性岗位就业 1702 人，本年新增 465 人；辅助性就业 2753 人，本年新增 593 人。农村实际就业 834562 人，其中，从事农业生产劳动 678858 人，其他形式就业 155704 人。

（二） 就业服务网络逐步形成

目前，省、市、县三级残联已建立就业中心 85 个，工作人员近 300 人，基本形成了覆盖城乡的残疾人就业服务网络。2013 年，《关于加强残疾人就业服务机构规范化建设的实施意见》出台后，各级残疾人就业服务机构服务职能和手段不断强化和完善，能基本满足广大残疾人最基本的就业服务需求，能为用人单位提供细致贴心的服务，逐步建立了残疾人失业登记、求职登记、职业指导、职业培训、职业技能鉴定和评估、职业介绍、盲人保健按摩和医疗按摩行业管理等就业服务工作的长效机制，促进残疾人就业工作可持续发展。目前，安徽省基本信息登记覆盖率达到 100%，其中就业登记覆盖率 97%，录入率 59.21%，也在稳步上升。2013 年，指导各级残联及残疾人就业服务机构联合人社和工商联等部门，安徽省各地举办 110 多场就业供需招聘会，推介、促成就业意向 12000 多人。

（三） 就业政策支持力度加大

《安徽省按比例安排残疾人就业办法》明确规定，用人单位按照本单位从业人员的 1.5% 的比例安排残疾人就业，规定所有用人单位按比例安排残疾人就业的法定义务，从法规层面上强化对残疾人就业的保障。《安徽省优待扶助残疾人规定》和《安徽省残疾人保障条例》进一步维护了残疾人权益。《安徽省委办公厅、省政府办公厅关于促进残疾人家庭增收加快实现小康步伐的意见》在全国率先出台，要求切实保障残疾人就业权益，党政机关、事业单位及国有企业要带头安排残疾人就业，到 2015 年，所有省级党政机关至少安排有 1 名残疾人。各市、县要从每年的公益性岗位中按不低于 10% 的比例优先安排符合条件的残疾人就业。目前，安徽省有关残疾人就业的政策法规已初步配套，残疾人就业法规体系已逐步形成。省残联联合省委组织部、省财政厅下发《关于做好 2013 年度残疾人就业扶持项目工程的通知》，2013 年度就业扶持工程省级投入 6176 万元，扶持 1 万多名城乡残疾人创业和就业，补助"阳光大棚"等设施农业 1000 个和"阳光助残就业基地" 31 个。

二、残疾人就业存在的主要问题

（一）社会就业歧视依然存在

政府及有关部门制定的就业政策规定没有充分考虑残疾

人的特殊性，对残疾人就业有失公平，招工机遇不平等现象仍普遍存在。有的单位虽然转变了对残疾人的鄙视轻蔑态度，但仍把残疾人作为同情和怜悯的对象。社会整体上还没有完全树立与现代社会发展阶段相适应的"新残疾人观"，不能认识到残疾人自身的能力价值。加之残疾人就业宣传力度不足，社会用人单位安置残疾人的自觉性、主动性不高，经常将前来求职的残疾人拒之门外。在残疾人就业过程中，侵犯残疾人劳动权益现象时有发生。一些企业在招聘使用残疾人过程中，不能按照国家相关劳动法律规定同残疾人签订劳动合同并缴纳必要社会保险，肆意延长工作时间，提高劳动强度，实际支付工资低于本地规定的最低工资水平。

（二）残疾人自身的就业素质不高

残疾人的身体、文化、技能等素质条件不高，就业竞争能力先天不足，使他们在就业市场中始终处于竞争劣势。安徽省 15～54 岁的残疾人占 49%，15 岁以上的残疾人文盲率占 68%，接受继续教育和各种技能培训的残疾人比例也很小，尤其是农村残疾人身体素质和受教育情况更差。在涉及就业岗位选择上，残疾人身体条件的限制这一"硬伤"不得不成为考虑的首要因素。残疾人不良的心理素质也对就业产生不利影响，严重的依赖心理会使本具有一定的劳动能力的残疾人以弱者自居、坐等救济，缺少寻找就业机会的积极性。

（三） 农村残疾人就业更加困难

农村残疾人的技能素质普遍偏低，大多只能从事简单的农业生产劳动。据统计，2013 年安徽有 678858 名农村残疾人从事农业生产劳动，其中绝大多数生活在贫困状态。除身体条件等原因外，更多凸显的是政府和社会扶残就业体系的不完善。部分地方领导对扶持残疾人就业的认识不够，组织领导力度不强；现行的农村社会化服务体系商业化性质过重，将贫困残疾人排除在服务对象之外，致使残疾人得不到及时的生产服务、技术指导；国家的康复扶贫贴息贷款数额有限，帮扶残疾人范围小；无障碍环境建设基础薄弱，加重了残疾人家庭经济负担。

（四） 残疾人就业协调机制不健全

残疾人就业工作对整个社会协调机制是一个很大考验，就安徽省目前的残疾人就业工作开展情况来看，涉残部门合作协调远远不够，社会服务网络尚未形成。在残疾人就业管理服务中，残联、民政、劳保、税务等部门各司其职，但存在部门协调合作不够、工作脱节的问题。有的部门没有将残疾人就业工作纳入职能范围，部门所属以及社会上的职业介绍等机构较少为残疾人服务。有的甚至有推诿扯皮现象，如税收减免等方面有时存在不同标准和意见。对于残联征收机关事业单位残疾人就业保障金，劳动监察联合执法缺乏协调配合。

（五）福利企业发展困难

虽然在现代社会中残疾人就业渠道已经朝着多元化方向发展，但福利企业集中就业依旧是解决就业问题、保障残疾人生活的重要途径。安徽省多数福利企业为劳动密集型企业，生产低端产品，竞争力不强，经济效益不佳，生存发展受限。随着企业的调整改制，不少企业退出了福利企业行列。2001 年，安徽福利企业为 722 个，2012 年仅为 367 个，福利企业的关停并转，造成了不少残疾人下岗待业。

（六）职能部门就业服务能力欠缺

首先，残疾人就业信息网络虽已逐步形成，但网络建设不够完善。安徽残疾人就业信息网络还未开通，数据管理、信息统计不能和统计劳动、地税等部门接轨联网，残疾人就业失业登记系统尚未开发，不能及时有效地形成用人单位与求职残疾人的对接。其次，就业管理服务工作机制不够健全。一些地方的残联就业服务机构不健全、硬件设施未能达到规定要求、工作人员也不到位。最后，就业管理服务工作力度不够大。残疾人劳动就业行政执法不严，对不按规定比例安排残疾人就业又不足额缴纳残疾人就业保障金的单位处罚力度不大。

三、提升安徽省残疾人就业水平的对策建议

（一）树立全新的残疾人人力资源观念

加大力度宣传"残疾人是人力资源，残疾人不是社会累赘，可以和健全人一起参与经济生活，为社会创造价值"的理念，在全社会中树立起全新的残疾人人力资源观念，形成全社会理解、关心、帮助残疾人就业的社会风气。从普遍意义上来讲，残疾人与健全人相比是有一定劣势的，但是残疾人存在先天缺陷的同时，在其他方面却获得了加强，是具有一定的特殊比较优势的人力资源。如果以比较优势为指导，根据残疾人的特点，扬长避短，发挥其健全人不具备的特长，通过社会化工作方式，加大与社会组织、民间团体及个人的合作，开发适合残疾人的岗位，从而促进残疾人高层次就业。

（二）提升残疾人就业竞争力

首先，要抓好残疾儿童的义务教育，特别是特教和随班

就读工作，要重视农村残疾儿童的入学难问题。其次，要确保符合录取条件的残疾学生顺利接受中高等教育，并引导残疾学生所学专业要尽量适应其生理特点和学习届满后的实际应用。再次，要重视残疾人的职业培训工作，将残疾人的职业培训纳入整体职业教育和职业培训计划，加强领导，大力支持，鼓励和支持各类职业机构采取自办、合办等多种形式，有针对性地开展岗位技能培训，注重提高培训质量和实效性。以培训促创业，以创业促就业。同时，建立残疾人扶贫种养培训基地，尤其要面向农村贫困残疾人开展种养技术培训，让农村贫困残疾人通过基地的种养技术培训和"供、产、销""一条龙"服务，能够自食其力，实现就业。

（三） 建立协调统一的职业康复体系

残疾人就业是一个系统工程，残联、人社、卫生、教育、民政等部门都与残疾人的职业康复和就业有关。因此，建议政府的残疾人工作委员会进一步加强组织、协调，指导、督促这些部门和其他机构，整合资源，共享信息，保障职业康复工作和残疾人就业更有成效。在政府残疾人工作委员会的统一领导下，建立残疾人"医疗—康复—就业"一条龙的配套服务制度和标准，实现无缝连接，充分利用有限的资源，在尽可能少的时间内使残疾人的职业能力得到最大限度的提升和恢复。同时，针对不同生理特点和职业康复需求的残疾人，建立分残疾类型的职业康复体系，从而使职业康复的"供给"与"需求"得以匹配，真正达到通过职业康复的施行提高残疾人就业能力和职业能力的目的。

（四） 加强就业无障碍环境建设

大力宣传《无障碍环境建设条例》，提高全社会对建设无障碍环境意义的认识。在对本地区无障碍设施现状进行充分调研的基础上，制订无障碍设施建设规划和近期实施计划。通过规划，统筹布局，推进无障碍环境建设城乡同步发展，每年有计划、有重点地安排一批居住区、公共场所、公共建筑和交通体系的无障碍改造。在巩固已经完成的肢残人家庭无障碍改造成果基础上，将有需求的各类残疾人和老年人家庭无障碍改造纳入工作范围，不断增加受惠家庭数量。在加强就业无障碍物质设施建设的同时，还需要进一步研发和应用无障碍信息技术。同时，可建立无障碍环境促进会，进行常态化、制度化、法制化管理，保证就业无障碍环境建设的贯彻落实。

（五） 优化残疾人就业保护措施

建立残疾人创业孵化中心，为残疾人创业过程的相关手续办理、政策咨询，以及税费减免政策的落实，提供一站式服务。重点支持一些由残疾人创办的企业，或者重点支持一些有技术、懂经营的残疾人创办企业，或者帮助这些企业实现向福利企业转变，形成以残助残的就业模式。有条件的市、县（区）要试办福利性工疗机构、庇护性工场，为精神残疾人、智力残疾人就业创造条件。同等条件下政府优先采购残疾人集中就业单位的产品和服务。开发适合残疾人生产的产品实行专产专营，通过对某些适宜残疾人生产的产品的生产和经营提供保护性垄断以稳定残疾人就业。充分发挥就业保障金的作用，扶持集中安置残疾人就业的福利企业，用于补贴其残疾职工办理社会保险，补偿其使用残疾职工的部分成本，提高这些单位在市场竞争中的竞争力，激发其安置残疾人的积极性。对残疾人集中就业单位提供贷款贴息。

（六）推动按比例安排残疾人就业制度的发展

省委组织部、人力资源和社会保障厅、公务员局、国资委等相关部门组织相关专家，对按比例安排残疾人就业的具体问题展开调研，进行深入研究，可以根据用人单位的性质、规模、行业类型等制定具体的分行业分级别的措施合理地安排残疾人就业比例，尽快制定具体的岗位预留制度实施办法，促进各级政府、机关、事业单位、残疾人联合会、国有企业等定向招录残疾人向常态化的方向发展。对民营、私营等企业按比例安排残疾人就业状况进行严格考核，加强监察执法力度，可以考虑借鉴国外经验，出台相应的累进处罚措施，加大对不履行按比例安排残疾人就业义务的用人单位的处罚力度。同时，在推行按比例安排残疾人就业的过程中，地方各级政府、机关、企事业单位应该消除户籍限制和歧视。

（七）加强职能部门的就业服务能力建设

完善以残疾人就业服务中心为主体的省、市、县（区）三级残疾人就业服务网络，为残疾人就业提供组织保证。将残疾人就业信息系统建设作为一项重要工作来抓，各级残疾人劳动就业服务机构要建立残疾人就业信息网络，加强劳动力市场供求信息的交流与共享，为残疾求职者提供高效快捷的劳动力市场供求信息服务。同时，提高残疾人劳动就业服务机构职业指导人员队伍素质，促进残疾人就业指导工作的规范化、科学化，将残疾人劳动就业服务机构就业指导人员的培训和鉴定纳入具体工作范围。积极研究开发适合残疾人就业的公益性岗位，按不低于10%的比例优先安排符合条件的残疾人就业。发挥残疾人劳动力市场的作用，继续举办残疾人就业洽谈会，全方位地帮助残疾人就业，充分彰显残疾人就业服务机构的作用。

（八）加强与发达地区的残疾人劳务合作

充分利用发达地区对人力资源需求大的特点，积极推动安徽省残疾人向沿海城市的劳务输出工作。开展残疾人劳动力资源调查，使劳务输出的组织者做到心中有数、统筹规划、兼顾社会需要与残疾人的个人意愿。组织劳务输出的部门要规范操作程序，与劳务接收单位签订供需合同，监督用人单位给残疾人落实各种保险和福利待遇。同时，要加强劳务输出残疾人岗前培训，提高输出人员的素质和工作纪律性。并建立信息反馈制度，及时了解劳务输出残疾人的用工安排、工资待遇、社会保障、身体状况和业余生活等情况。

课题组组长：辛朝惠　　刘海峰　　凌宏彬
课题组成员：王长丰　　黄佳豪　　常小美

建立健全安徽省基层残疾人权益保障的对策建议

加强残疾人社会保障体系和服务体系建设，保障基层残疾人就业、教育、康复、无障碍环境等各项权利，对于改善基层残疾人权益保障状况，促进基层残疾人精准扶贫工作，全面建成小康社会具有十分重要的意义。近年来，省委、省政府从全面建成小康社会的高度出发，将残疾人工作摆上重要议事日程，纳入国民经济和社会发展总体规划及社会事业发展考核评估体系，残疾人权益保障事业取得了显著成就。

安徽省基层残疾人权益保障状况虽有明显改善，但基层残疾人权益保障的基础仍然薄弱，残疾人的生存发展环境还存在诸多困难和问题，本书结合安徽省基层残疾人权益保障的实际情况，从健全法规政策、突出政府主导、发挥主体作用、完善协同机制、强化社团组织、动员媒体监督六个方面提出对策建议。

一、基层残疾人权益保障现状

残疾人是一个庞大的、特殊的社会弱势群体。据统计，安徽省残疾人总数为 401.5 万人，占总人口比例为 5.85%，其中，视力残疾 79.2 万人，占 19.72%；听力残疾 91.8 万人，占 22.87%；言语残疾 5.8 万人，占 1.45%；肢体残疾 105.3 万人，占 26.23%；智力残疾 30.7 万人，占 7.64%；精神残疾 32.5 万人，占 8.09%；多重残疾 56.2 万人，占 14.00%。绝大多数的残疾人存在着不同程度的多种困难，70% 的残疾人为贫困残疾人，系精准扶贫对象。

近年来，安徽省加强基层残疾人权益保障取得了多方面的成就。第一，法规政策建设不断完善。从 2012 年《安徽省残疾人保障条例》正式实施，到各类残疾人相关文件的相继出台，残疾人政治、经济、文化、教育、住房等方面的基本权益得到了进一步保障，增强了其平等参与社会活动的能力。第二，机构建设逐步健全。残疾人组织不断向基层延伸，残疾人服务队伍进一步壮大，安徽省各级普遍建立了残疾人组织。基本实现市、县（区）、乡镇残联全覆盖，初步建成"有人问、有人管、有人干"的残疾人基层服务体系。第三，残疾人医疗康复保障覆盖面逐步扩大。围绕"人人享有康复服务"的目标，形成了专业康复机构为骨干、社区为基础、家庭为依托的残疾人康复体系。第四，残疾人就业保障稳步推进。全面贯彻落实《残疾人就业条例》，把残疾人就业工作纳入安徽省就业工作总体部署，初步形成以集中就业、分散按比例就业、个体就业、自主创业为主体的就业格局。第五，残疾人教育保障明显改善。安徽省出台了多项特殊教育相关政策，不断完善以特教学校为骨干，以随班就读和普通学校附设特教班为主体的特殊教育发展格局。第六，残疾人社会保障水平不断提高。强化残疾人社会保障政策落实，实施了重度残疾人护理补贴和贫困残疾人生活救助。安徽省残疾人享有托底服务保障，基本生活有了制度性保障。

二、基层残疾人权益保障存在的主要问题

由于受经济社会发展水平等诸多因素影响，基层残疾人权益保障的基础仍然薄弱，残疾人在基本生活、医疗康复、教育就业、社会参与等方面还存在许多困难和问题。第一，扶残助残意识有待增强。全社会扶残助残的氛围还不够浓厚，歧视残疾人、损害残疾人权益的现象时有发生；一些政府机关和事业单位对残疾人事业参与意识淡漠，没有承担起相应的责任和义务；扶残助残氛围还不浓厚，对发展残疾人事业优惠扶持政策贯彻落实不力。第二，残疾人组织保障有待强化。县级残联机构设置和职责功能仍不完善，编制紧缺，现有编制人员与所承担的繁重工作极不相适应；乡

（镇、街道、社区）残联组织尚不健全，基层残疾人工作力量不足，服务的能力和水平亟待提高；基层残疾人工作队伍结构不合理，人员年龄老化、能力水平偏低。第三，残疾预防康复保障能力有待提高。一些单位和个人对残疾预防工作的重要性认识不足，责任感不强，残疾预防机制不健全；部门之间职责分工、协调联动不够科学；康复救助规模和标准有待扩大与提高。第四，宣传力度有待加大。残疾人保障法律法规宣传方式单一、宣传面狭窄，没有形成长效的宣传机制，且深度和影响力不够；残疾人相关的政策法规宣传解释不及时、不到位，社会知晓率不高。第五，残疾人就业权益保障有待改善。市场竞争激烈致使福利企业数量减少，再加上政策扶持不足，税收优惠减弱，社会兴办福利企业的积极性不高，集中安置残疾人就业难度不断加大；按比例就业制度缺少行政约束力，歧视、排斥残疾人就业的现象仍然存在。第六，农村残疾人教育权益保障有待突破。调查显示，安徽省农村残疾人文盲的比例高达40%多，18周岁以上的农村残疾人小学以下的比率连续四年超过70%，高于同期城市残疾人30个百分点。安徽省残疾人特殊教育以县级以上城市为主，受益群体多是城市及周边的残疾人，农村残疾人受教育水平比例偏低，发展相对滞后；特教老师工作环境待遇差，难以留住优秀人才，导致农村特殊教育师资力量薄弱；随班就读工作落实不到位，存在歧视残疾儿童随班就读的现象；农村残疾儿童受教育成本高，许多农村残疾人家庭难以承受。

三、建立健全基层残疾人权益保障机制对策

结合安徽省基层残疾人权益保障的实际情况，为促进安徽省基层残疾人权益保障机制建设、完善和实施，推动基层残疾人权益保障事业的顺利发展，现提出以下建议和对策。

（一）完善法规政策，健全依法保障残疾人权益机制

第一，健全残疾人权益保障法规政策。继续推动基层残疾人权益保障立法工作，对残疾人权益保障法规优先立法。残疾人的种类不同，所涉及的权益存在差异，分门别类制定相关法规条款；依据年龄、智力、性别等不同特点，增设不同标准的专项补助资金，制定更加具体的实施条例。进一步加强上位法和下位法之间，政府政策与行政规章之间、立法执法与司法之间的相互联系，强化现有法律法规条款的执行力度，形成公检法司齐抓共管保障残疾人合法权益的局面。第二，强化残疾人法律救助工作保障。切实加强残疾人法律救助工作协调机制和信息化建设，在政策制定、重大案件处理上发挥有效作用。将残疾人权益保障事项纳入法律

援助范围，增强残疾人司法援助各项组织机构建设，推动残疾人无障碍法律援助工作向基层延伸。第三，进一步完善基层残疾人信访维权工作机制。建立无障碍信访通道，办好残疾人网络信访平台。健全信访事项督查督办与突发群体性事件应急处置机制，将残疾人信访反映的困难和问题解决在基层，保障残疾人普遍性、群体性的权益诉求。第四，加快无障碍基础设施及社会保障政策体系建设。坚持从实际出发，循序渐进，全面提升政府设施、公共场所的无障碍化服务水平，基本构建起残疾人社会保障体系和服务体系，保证残疾人生活总体达到小康水平。

（二）突出政府主导作用，提升权益保障水平

第一，保障残疾人的权益是政府的法定职责。各级政府应充分发挥主导作用，对残疾人权益保障实行五个优先：优先列入政府立法规划，优先纳入经济社会发展规划，优先纳入社会服务体系和社会保障体系范畴，优先提供就业扶持政策，优先实施预算和拨付财政资金保障。第二，发挥政府号召力，为残疾人事业发展引入多种新鲜血液。鼓励社会资本参与残疾人康复、教育及医疗等公共服务建设，创新公共服务提供方式，提高公共服务共建能力和共享水平。第三，政府以购买服务方式委托民办机构提供更加专业化的服务，为残疾人提供更加合适的工作岗位。通过政府与企业合作，

政府为企业培养具备一定技能的员工，企业为这些已经通过职业培训的残疾人提供就业岗位。第四，"互联网＋"的发展为残疾人创业提供更加多样化的选择，政府鼓励有能力的残疾人积极投身互联网创业。政府在政策、经济上给予残疾人创业更大程度的支持。各级政府残疾人工作委员会及相关政府部门要对残疾人权益保障执行情况进行督查、监测和跟踪问效。各级财政应不断加大财力投入，为残疾人权益保障提供有力的支撑。

（三）发挥残疾人主体作用，支持维护自身合法权益

第一，残疾人需要自我觉醒，自觉增强权益保障意识。加强残疾人学法、知法、用法能力。进一步组织开展有关助残服务项目，引导和支持广大残疾人自觉学习文化技能，不断增强自身能力，积极参加生产劳动，实现自身人生价值，服务社会大众。第二，积极营造残疾人参与经济社会的良好环境，拓展残疾人的知情权、参与权和监督权，不断加大残疾人决策参与以及监督力度。残疾人对相关立法及对公共服务决策的合理意见和建议应该得到充分尊重和采纳。第三，发挥残疾人亲属对法律执行及残疾人权益保障的监督作用。残疾人亲属应积极了解各项残疾人保障法规政策措施，对残疾人给予多方面扶助和照顾，维护残疾人权益，主动对相关法规政策执行情况进行建议和监督。

（四）完善社会协同机制，形成齐抓共管格局

第一，团结残疾人利益相连的社会组织力量。人民团体和老龄协会等社会组织要发挥各自优势，支持残疾人工作，维护残疾人的合法权益。慈善团体要积极为残疾人事业筹集善款，开展爱心捐助活动。第二，抓好残疾人专职、专业和志愿者队伍建设。选好配强各级残联领导班子，将残联干部队伍建设纳入干部队伍和人才队伍建设整体规划，造就一支高素质的残疾人工作干部队伍。第三，发挥人大代表、政协委员的优势作用。各级人大代表、政协委员要积极主动深入基层了解残疾人事业发展过程中出现的新情况、新问题，设身处地为残疾人鼓与呼，切实帮助排忧解难。第四，推动建立残疾人权益保障协商工作机制。社会各界应加大残疾人权益保障的人力、物力和财力投入，拓宽残疾人的利益诉求反应和协商渠道，及时解决残疾人的困难和问题。

（五）发挥残疾人社团组织作用，提升自我保障能力

第一，发挥各级残疾人协会在党和政府与广大残疾人之间的纽带作用。充分发挥各类残疾人协会及亲友协会的

作用，增强各救助机构的信息交流，了解残疾人的需求，以便及时反映和解决问题。第二，建立新型的"残联＋专门协会＋残疾人"的工作机制，即政府主导、专门协会发挥重要作用、残疾人广泛参与的机制。第三，社会组织在保障残疾人的生存与发展权益上应当形成与政府之间的充分配合和互补。强化社会组织对残疾人技能教育、职业培训、就业指导和吸纳就业上的功能，作为国家保障的有益补充。

（六）发挥新闻媒体宣传监督作用，营造良好社会氛围

第一，新闻媒体应营造良好社会环境，关心基层残疾人权益保障，加强舆论监督作用。结合"全国助残日"等相关主题活动，宣扬社会各界针对困难残疾人开展的慈善救助活动。第二，发挥媒体主渠道作用，增强大众对残疾人事业的关注度。积极宣传保障基层残疾人权益实践中的典型人物和感人事迹，让社会真正了解残疾人的能力和价值，增强尊重残疾人的意识。运用互联网加大普法宣传力度，提高残疾人对相关法律法规政策的知晓度和维权能力。第三，应通过法规政策明确新闻媒体营造残疾人精神家园的职责，进一步保障残疾人的精神文化需求。

课题组组长：辛朝惠　黄佳豪
课题组成员：丁胡送　王廷民

护理保险与护理补贴制度

安徽省长期护理保险制度的
若干问题研究

——以安庆长期护理保险制度试点为例

　　失能人员尤其是高龄失能老人的长期护理已成为不可回避的社会问题。党的十八届五中全会决定，探索建立长期护理保险制度。党的十九大报告也明确指出，加强社会保障体系建设，要按照兜底线、织密网、建机制的要求，建立多层次的社会保障体系。探索建立长期护理保险制度是贯彻落实党的十八大和十九大精神的重要部署，是应对人口老龄化、促进社会经济发展的战略举措，是实现共享发展改革成果的重大民生工程，是健全社会保障体系的重要制度安排。目前，按照人社部的部署，长期护理保险制度已在安徽省安庆城区试点，并已取得积极进展。为此，省社会保障研究会组成联合课题组，通过实地调研、访谈、召开座谈会等多种形式，探索安徽长期护理保险制度试点的基本状况、存在的主要问题，并在借鉴国内外长期护理保险经验的基础上，提出加快推进安徽省长期护理保险制度建设的若干对策建议。

一、安庆市长期护理保险试点情况

（一）项目背景

2016 年 3 月国家人社部下发《关于开展长期护理保险制度试点的指导意见》。该意见要求在全国 15 个城市启动长期护理保险制度试点工作。安庆市作为国家开展护理保险 15 家试点城市之一，由安庆市医疗保险基金管理中心具体负责此项业务。医保中心开展前期准备工作，着手了解其他试点城市相关工作的开展情况，制订了安庆市实施方案，明确由安庆市职工长期护理保险基金来购买商业保险，由保险公司来具体经办长期护理保险的模式，并公开招标。经过公开招标，由中国人寿安庆分公司承办安庆市职工长期护理保险业务。

（二）实施方案

安庆市政府办公室 2017 年 1 月下发了《关于安庆市城镇职工长期护理保险试点的实施意见》，对安庆市长期护理保险的覆盖范围、基金筹集标准及管理方式做出了明确规定。

1. 覆盖范围

项目的参保范围主要覆盖安庆市市区参加城镇职工医疗保险的参保人群，大约24万人。今后将根据安庆下辖县市的实际情况和项目的进展情况逐步扩大职工参保范围。

2. 保障对象

保障对象为长期处于重度失能状态的城镇职工参保人群。保障范围为重度失能人员基本生活照料及与基本生活密切相关的医疗护理等费用。

3. 资金筹集

采取从市区城镇职工基本医保基金定额筹资的方式筹集、缴纳保费。现在按照每年人均30元的筹资标准，其中，个人每人缴纳10元，基金划转每人20元。项目首年有效期自2017年1月1日始，至2018年12月31日止。

4. 鉴定标准

参保人因年老、疾病、伤残等导致失能，经过不少于6个月的治疗，符合《日常生活活动能力评定量表》的评分低于40分（含）的重度失能标准，生活不能自理、病情基本稳定、需要长期护理的，即可以享受长期护理保险的待遇给付，不设起付线。

5. 给付方式

待遇给付采取定额的方式，分为四种情况，分别是：（1）在协议护理服务机构中使用医疗机构护理床位接受护理服务的，长期护理保险基金按50元/天标准结算；（2）在协议护理服务机构中使用养老服务机构护理床位接受护理服务的，长期护理保险基金按 40 元/天标准结算；（3）在协议护理服务机构中提供上门护理服务的长期护理保险基金分服务项目按标准按月限额支付，月度限额暂定为 750 元；（4）对居家接受非协议护理服务机构护理服务的，按 15元/天标准发放护理补助，护理补助于季末后第一个月发放上一季度补助。其中，入住协议医疗机构护理床位接受护理服务的参保人员，需符合以下情形之一：①因病情需长期保留胃管、气管套管、胆道外引流管、造瘘管、深静脉置换管等各种管道的；②需要长期依靠呼吸机等医疗设备维持生命体征的；③因各种原因导致昏迷，短期住院治疗不能好转的；④患各种严重不可逆型疾病且全身瘫痪、偏瘫、截瘫，需要长期支持治疗的。

（三）项目进展

2017 年 9 月，安庆市医保中心和中国人寿安庆分公司签署《安庆市长期护理保险服务协议》，并做了交接手续。安庆市长期护理保险委托商业保险公司承办项目实行"运行风险共担、保险事务共办"的模式。安庆市长护保险基金按照以收定支、收支平衡、略有结余的原则筹集和使用，独立核算、专款专用，接受社会监督。商业保险公司职责主要有：建立长期护理保险承办工作机构，按要求明确职能和配备人员；严格执行长期护理保险政策、经办规程和管理办法，制定配套的承办工作管理办法并落实；负责长期护理保险基金支出的结算工作；负责失能评定的具体工作，包括失能评定的柜面咨询受理、初步审查、入户调查、社区（邻里）调查、组织医疗专家上门评定、社区公示、评定结果通知等；负责长期护理保险待遇核查；做好业务档案管理和个人信息保护工作；受理评定、待遇支付等方面的争议申诉；配合经办机构做好财务、宣传和信访接待等工作。

失能待遇支付申请人的失能评定工作，主要由安庆市医保中心聘请具有副主任以上职称的医疗专家进行鉴定的方式来处理。截至 2017 年 11 月 30 日，安庆市医保中心和中国人寿安庆分公司共同组织专家，按照长期护理保险标准对符合参保条件的申请人进行鉴定，2017 年安庆市区城镇职工申请长期护理保险待遇的有 321 人，经过专家评估，有 204 位符合长期重度失能标准，享受了长期护理保险的待遇给付，切实减轻了家属的护理压力和精神负担。

二、存在的问题

（一）长期护理保险保障给付门槛过高

安庆市规定的保障范围是"因年老、疾病、伤残导致失能，经过不少于 6 个月的治疗，《日常生活活动能力评定量表》评分低于 40 分（含），生活不能自理、病情基本稳定、需要长期护理的参保人员。"从全国范围来看，普遍采用"失能经过不少于 6 个月的治疗"，有的采用《日常生活活动能力评定量表》评分低于 60 分的，有的采用评分低于 50 分的，有的采用评分低于 40 分的（评分越高，准入门槛越低）。但是，其他 14 个试点城市都没有另外附加条件，还有一部分采用其他评估办法。安庆市的评定标准较为严苛，且 4 个附加条件全国罕见，这些附加条件严格限制了享受保险待遇的人数。截至 2016 年底，安庆市户籍人口 461 万人，试点长期护理保险参保人群为市区城镇职工 24 万人，参保比例为全市人口的 5.4%。2017 年 1～11 月安庆市符合长期护理给付条件的仅有 204 人，按照市区城镇参保职工 24 万计算，受益人群占比为只有 0.085%，即万分之八点五，受益人群寥寥无几。

（二）基金给付的额度标准偏低

目前，安庆市规定的保障额度分为四类，最高 50 元一天的额度标准，相对于其他试点城市，此给付标准明显偏低（在 15 个试点城市中最低）。这也与安庆市试点覆盖范围小、参保人群少、筹资标准低有很大关系。

（三）筹资方式单一

国家人社部启动长期护理保险制度试点工作以来，有关筹资渠道方面的文件不够明确。目前，安庆长期护理保险制度参照的主要是南通模式，办法与南通相似，医保中心筹资渠道主要为医保基金划拨和个人缴费两个方面。但与南通的筹资标准相差较大（南通为每人每年 100 元）。安庆市每人每年仅 30 元。从全国范围来看，筹资渠道包括财政补助、医保基金划转、单位缴费、个人缴费、福利彩票公益金划转等多元筹资渠道。全国大部分试点城市筹资金额普遍在 100 元/人/年以上。

（四）服务机构不健全

安庆市政府办公室 2017 年 1 月下发了《关于安庆市城镇职工长期护理保险试点的实施意见》，在一定程度上促进了养老护理服务机构的发展，部分重度失能需要长期护理的参保职工由于得到定额的护理补贴，便能够支付起全托护理费用，增加了养老护理服务机构的入住率。同时政府政策的引导也能促进社会资源向养老护理机构的投入，吸引专业护理人员不断加入。但就目前来说，安庆市养老服务机构的发展不够充分，很多养老服务机构床位非常紧张。全市具有一定规模的养老服务机构数量很少，承接长期护理服务的能力不足。另外，在护理人员素质方面，有资质的只有一个公立的福利院，且护理人员也都是 50 岁左右，持证上岗的全市仅有 13 人。这种现状远远满足不了养老服务机构和长期护理险对象的需求。

（五）相关管理体制机制不够完善

因为目前此项工作在全国都处于起步阶段，所以涉及失能鉴定、等级评定、长期护理需求认定上并无国家标准，也没有成立权威评定机构，这让地方上的具体工作难以开展。异地评价成本高，效率低且容易出现受评者不服、闹事纠纷等特殊情况的发生，影响机构的声誉。管理体制和机制亟待建立和健全。

三、国内外长期护理保险的做法和经验

（一）国内试点地区的做法和经验

长期护理保险在国内试点一年多的时间里，各地结合自身发展实际，在参保筹资、待遇保障、管理服务等方面都进行了积极的探索。特别是山东青岛、江苏南通、四川成都和北京海淀等地长期护理保险试点较早，积累了一些具有借鉴意义的做法和经验。

1. 覆盖对象广泛化

青岛实行的长期护理保险的参保人包含职工医保及城乡参保人；成都将职工医保列为首批试点人员，将城乡医保人员列为接下来的扩大对象。受益对象均为丧失生活自理能力持续 6 个月以上的参保人员。在安徽省进行试点过程中也可参考成都模式，逐步将城乡居民都纳入长期护理保险的保障范围。

2. 筹资方式多元化

筹资方式是长期护理保险制度试点的重要内容，各试点市也进行了不同的探索，多元化的筹资渠道值得借鉴。医保基金是长期护理保险资金的主要来源，同时各地长期护理保险资金来源也有所不同。青岛市长期护理保险依附于医疗保险基金，从福利彩票公益金划拨 2000 万元作为城镇居民护理保险基金。南通市长期护理保险资金来源于个人、医保统筹基金和政府补贴，接受福彩公益金和慈善捐助。北京海淀区长期护理保险资金来源有政府统筹资金和个人缴费，同时鼓励企业参与。

3. 服务项目标准化

成都市以文件的形式确定了长期护理保险服务项目和服务标准，对其进行规范。成都市出台了《长期照护保险服务项目和标准》，将生活照料、护理照护、风险防范、功能维护四大类 31 项保障长期重度失能人员基本生活照料和与基本生活照料相关的日常护理项目纳入其中，包括洗脸、洗头、口腔清洁、协助如厕、协助进食等。积极出台长期护理保险服务项目的各种标准和规范应是安徽省试点探索的重要内容。

4. 监管机制全面化

长期护理保险服务项目委托给有资质的服务机构来实施，政府负有监管责任。青岛市长期护理保险监管机制较为全面。青岛市长期护理保险监管机制主要分为四个方面：协议管理并建立退出机制；以提高次年结算标准的形式对考核优秀的护理机构进行奖励；居家护理的结算与服务和次数挂钩；应用信息化技术实现智能化监管。这四种方式并行推进，促进了长期护理保险制度的更好实施。

（二） 国外长期护理保险制度的做法和经验

目前，世界上长期护理保险制度主要有四种典型模式，分别是以美国为代表的市场主导模式；以德国为代表的双轨运行模式；以新加坡为代表的公私合作模式和以日本为代表的全民社会保险模式。

1. 政府主导

保险性质方面，德国、日本均以政府的强制力作为保障，建立了有独立融资渠道、强制性参与、人口覆盖面广的社会性长期护理保险制度。美国和新加坡虽然是社会保险与商业保险有机结合，但政府仍在起着不可或缺的作用。美国的联邦政府和各州政府是医疗照顾和医疗救助主导者。日本明确规定市町村及特区为护理保险制度的运营主体，中央政府、都道府县是制度的协作者。

2. 法律保障

许多国家长期护理保险制度运行时间较早，都建立了较为完善的法律保障，其中，德国和日本法律保障最为完善。德国有专门的《长期护理保险法》，日本也出台了《老年长期护理保险法》，美国也有《长期护理保险示范法规》。

3. 覆盖广泛

德国法律规定，所有参加了医疗保险的人都要参加长期护理保险；日本将 40 岁以上的人口都纳入长期护理保险的范围。新加坡将 40～69 岁拥有公积金账户的新加坡居民和永久居民纳入参保对象。这些国家保险政策实施成功的关键因素之一，就是其普遍性和全面覆盖。

4. 给付多样

根据长期护理保险对象不同需求和特点提供多元化的保险给付也是需要进一步探索的问题。德国将护理服务、现金给付、实物、技术等多种形式有机结合。日本和美国相似，有护理服务和现金给付两种形式。

5. 监管严格

严格的监管是长期护理服务质量的重要保证。德国、日本均对长期护理保险服务质量进行了严格监督和控制，这是长期护理保险制度发挥长效机制的保障。尤其是日本实施的是三级责任制，政府是长期护理保险服务质量监督的完全责任人，中央政府负责制定政策，县政府为服务提供者发放许可证并开展检查工作，市政府计划和管理保健与老年人福利项目。

四、加快推进长期护理保险制度的若干对策建议

在借鉴国内外长期护理保险制度经验的基础上，积极探索长期护理保险模式，现就加快推进安徽省长期护理保险制度建设提出以下对策建议。

（一）完善筹资机制

1. 提高保险缴费水平

目前，安徽省安庆试点缴费标准是每人每年 30 元，这在全国 15 个试点城市中是最低的缴费标准，应当逐步提高保险缴费标准。可参照南通的缴费标准，从 2018 年起，达到每人每年至少 100 元以上。

2. 加大财政支持力度

从国内其他试点城市经验来看，政府财政补贴是长期护理保险资金的重要来源之一，如南通市个人、医保基金和政府各出资 30 元、30 元和 40 元，缴费标准达到每人每年 100 元。政府在加大财政对长期护理保险的支持力度的同时，还可适时出台对缴纳长期护理保险的单位、个人实施减免税的优惠政策。

3. 加大医疗保险基金支出额度

医疗保险基金中划拨一部分资金用于长期护理保险的发展，是客观形势的要求，是目前全国试点城市的普遍做法，是助推长期护理保险发展的有力措施，应提高支出额度。

4. 探索利用住房公积金渠道

在住房公积金使用管理相关规定中提到的对患有重大疾病的公积金提取方法，也为长期护理保险从住房公积金中划出提供了一定的依据，这方面应积极探索。

5. 加大社会多渠道支持

应研究在慈善捐助资金中每年划出一定比例进入长期护理保险基金；从福彩公益金中每年划出一定比例或确定一定数额（青岛等试点城市已有先例），纳入长期护理保险基金，并向农村倾斜；企业雇主为雇员缴纳一定比例的护理费用可以作为社会长期护理保险筹资的重要来源之一。

6. 进一步完善个人缴费机制

个人缴费分为现有长期护理需求的缴费者和未来有长期护理需求的缴费者，要制定按照个人缴费基数的一定比例范围内，与保障水平匹配进行分层级缴费的标准。

（二）提高保险保障水平

1. 扩大覆盖人群

目前，安庆试点长期护理保险的对象仅是市区参加医疗保险的职工群体，符合参保条件的对象范围是 24 万人，覆盖人群占全市人口5.4%。为了让长期护理保险福利惠及更多人群、体现社会保险性质，应借鉴青岛、成都、南通、北京等试点城市做法，将保险对象逐步扩大到参加城镇医疗保险的城镇居民和参加新农合的农村居民。一方面，增加保险基金总量，保障基金合理、稳定支出；另一方面，也使更多的人民群众切切实实地感受到新政策带来的福利。

2. 提高补贴额度

目前，安庆试点的长期护理保险补贴标准分为四级，标准明显偏低，在全国15个试点城市中属于最低。应在逐步拓宽筹资渠道和扩大参保对象的过程中，不断地提高各护理等级的补贴标准，真正让失能人群得到更多实惠。

3. 降低保险给付准入门槛

相对国内其他试点城市，安庆的保险给付准入门槛最高，巴塞尔（Barthel）指数评定量表40分才能评定为重度失能，享受长期护理保险待遇。在成都、南通只要达到60分、50分即可享受长期护理保险待遇。建议适当调高评定得分，达到50分即可享受长期护理保险待遇。同时，建议全部取消那些较为苛刻的附加条件，比如对入住协议医疗机构护理床位接受护理服务的四条附加条件。

4. 扩大试点城市

在安庆市试点的基础上，应在省内逐步扩大试点范围。可考虑将合肥等经济实力较强、城市规模较大的市纳入试点范围，达到推广试点经验、探索不同发展水平的城市保险运作的不同路径等目的。在不同类型城市试点的基础上，尽快探索在安徽省推广长期护理保险制度。

（三） 提高保险服务水平

1. 合理确定评定标准

现行评定方法主要是参考国际通行的基本生活能力标准，该标准可操作程度高、客观性好，但应与安徽具体实际情况相结合，适当修改其中的有些项目，更能反映失能人员状态。可通过招投标委托第三方机构评定，或成立独立权威的评定机构，这些方式有助于降低异地评审成本、增加机构权威性和保证公平公正。

2. 健全护理服务考核机制

针对保险机构、护理机构对参保人员的服务态度、服务水平、服务效率等方面的评价指导方针、制度流程、评价基准等设定统一标准，以供政府部门和第三方机构监督指导。建立信息共享平台，汇总各地信息，设置长期护理服务机构评价数据库供信息查询服务。设立长期护理保险监督委员会，吸引政府部门、保险机构、护理机构、参保人员等参与，形成护理服务纠纷的调解评判机构，保证服务接受者权益不受损害，评价结果的客观中立。

3. 提高保险道德意识

在长期护理保险中，护理服务是以患者的健康状态为基础来进行分级提供的，各级护理时间及服务内容等各不相同。患者可以根据自己的身体状态要求相当的或者是超过其需求的护理服务，其要求的护理等级超过实际需要的护理等级时便产生了道德风险。保险机构在险种设计中需要引入管理道德风险的相关要素，通过免赔额或者共同分担的设置，降低投保人的道德风险。

（四）合理确定政府与保险公司的责任分工

1. 发挥政府主导作用

作为重要民生工程的长期护理保险制度，是社会保障体系的重要组成部分。长期护理保险是事关百姓生活质量的大事，是社会保险体系中兜底线、织密网的重要举措，要在不增加百姓负担的情况下把制度建设好、实施好。要明确政府的主导作用和主要责任地位。政府是政策的制定者、监管者、资金支持者和法规保障者，必须坚持在政策、资金、运作、监管完善方面下功夫，既要根据地区经济社会发展需要逐步建立较为合理的财政投入等政策体系，又要逐步探索更加科学有效的运作、监管机制，保证长期护理保险的广泛性和公平性。

2. 委托商业保险公司经办

加强政府、社会、个人合作，特别是要充分利用商业保险公司高效成熟的运作机制优势，来提高长期护理保险效率和质量。在与商业保险公司的合作过程中，政府与保险公司必须有明确合理的职责分工，商业保险公司利用其成熟的运作机制可以具体承办保险费用的收缴、给付、系统内监督等环节。但是有些环节则需要双方的合作，如失能人员鉴定，鉴定可以由人社部门牵头，商业保险公司具体承办，参保对象免费鉴定，鉴定费用应由政府支付。同时，商业保险公司还要接受政府监督，在政府相关部门指导下开展工作。

（五）培育和完善护理服务体系

1. 发展护理服务机构

护理服务机构包括养老服务机构和医疗服务机构等。要通过税收、购买服务等形式，鼓励社会资本投资护理服务机构。要成立行业协会，充分利用和整合护理服务机构资源，使中小型服务机构能够在参与长期护理服务中得到发展壮大。要加强对护理服务机构监督管理，通过建立服务标准、行业规则、竞争淘汰等机制规范服务机构的服务行为。建立互联网信息平台，实现信息化、透明化管理，建立健康有序的市场竞争环境。

2. 健全社区服务体系

在长期护理服务体系中，社区服务体系具有重要作用。积极挖掘社区服务潜在优势，加大土地、设备和专业人员投入，探索建立半小时社区护理服务圈，提供医疗护理、生活照顾、康复治疗等方面服务，护理服务辐射范围可根据社区服务承载能力合理划定。

3. 培养相关专业人才

专业人才包括专业评定专家和专业护理人员。长期护理对象确定以及护理等级评定方面的专家涉及范围较广，包括神经内科、骨科、脑外科、老年病学等医疗领域。通过专科学校的专业设置和资格考试、资格认证、岗位培训等方式，加快专业护理人员的培养。完善聘用、培训、跟踪考核、等级划分、奖惩并济的绩效制度，逐步提高护理人员的收入。

4. 发挥其他人员作用

非正式护理人员包括被护理对象的家人、亲戚、朋友、邻居和志愿者等，其作用不可小觑。对于居家护理对象，大部分时间还是需要家人或亲朋照顾。还有些护理对象不需要上门服务，主要靠家人照顾。这部分被保险对象的护理服务承担者都是非正式护理人员，保险给付的方式可以调整为现金给付，作为非正式护理人员的服务报酬。另外，还应设法鼓励志愿者积极参与长期护理服务。

（六） 加强和完善政策衔接

积极探索制定长期护理保险的相关法规政策。长期护理保险是跟随医疗保险发展而建立的、以社会保险为主体的保险制度。省政府应积极出台有关失能人员长期护理法规政策，探索出台《安徽省长期护理保险规定》，对长期护理保险的责任主体、覆盖范围、管理方式、保险缴费标准、给付依据、给付内容、给付标准、给付方式，以及失能评定主体、评定方式、评定标准等做出明确的规定，保障长期护理保险在政策和法规的范围内运行。

积极探索长期护理保险的相关优惠政策。省政府应出台相关政策，对经营长期护理保险业务的保险公司、护理机构、培训机构、评定机构等给予税收、土地规划、公用设施使用等优惠政策。

（七）加大政策宣传

由于公众对长期护理保险功能、内容缺乏了解，导致社会还没有形成一个建立长期护理保险制度来化解社会风险的共识，因而有必要加强对长期护理保险相关知识的普及，这样才有利于长期护理保险事业的发展。一方面政府相关部门和经办部门要通过组织培训学习，了解和熟悉长期护理保险的相关政策和流程；另一方面要利用各种媒体特别是网络平台宣传政策内容和长期护理保险取得的成效，塑造对新事物的新认识，营造长期护理保险制度实施的良好舆论氛围。

课题组组长：辛朝惠　严方才　刘海峰
课题组成员：丁胡送　俞　疏　李代松
　　　　　　周　艳　韩庭彦　易秋香

安徽省建立失能老年人
护理补贴制度调研

　　按照国际标准，老年人日常生活活动主要包括吃饭、穿衣、上下床、上厕所、室内走动、洗澡6项指标内容，若1到2项"做不了"的为"轻度失能"，2到4项"做不了"的为"中度失能"，5到6项"做不了"的为"重度失能"。按此标准，安徽省各类失能老年人已超过100万人，占老年人口的比例超过10%，并随着人口老龄化和高龄化而不断增加。为提升失能老年人的护理水平和生活质量，课题组围绕安徽省建立失能老年人护理补贴制度问题，赴蚌埠、马鞍山等地调研，并研究了我国部分地区自发试点失能老年人护理补贴政策。

一、安徽省建立失能老年人护理补贴制度的必要性

（一）建立失能老年人护理补贴制度有法规政策依据

党的十八大着重强调了加强民生工作及养老工作的重要性。修订后的《中华人民共和国老年人权益保障法》已于 2013 年 7 月实施，明确要求：国家逐步开展长期护理保障工作，保障老年人的护理需求；对生活长期不能自理、经济困难的老年人，地方各级人民政府应当根据其失能程度等情况给予护理补贴。党的十八届三中全会也明确了加快健全老年人关爱服务体系的改革和发展要求。近些年来，安徽省依据国家的法规政策，结合自身实际，出台了《关于加快推进养老服务体系建设的决定》《安徽省老龄事业发展"十二五"规划》《安徽省基本公共服务体系三年行动计划（2013—2015 年)》等文件，提出建立并逐步完善安徽省失能老年人护理补贴制度。

（二）建立失能老年人护理补贴制度是保障民生的重要内容

近年来，安徽省不断加大财政资金投向民生领域的力度，民生工程已连续实施 7 年，资金投入从 2007 年的 78.4 亿元增长到 2012 年的 540.3 亿元，到 2012 年底累计投入 1887 亿元。在养老服务方面，实施了城乡养老服务体系建设工程，将"五保"户供养补助标准提高 10%。虽然采取了有力措施，但与社会养老的需求相比还存在着一定差距，其中，失能老年人的服务问题尤为突出。因此，由政府投入资金给予失能老年人适当的护理补贴，既能有效保障失能老年人基本生活和照料服务，也能彰显安徽省民生工作的深入性和广泛性。

（三）建立失能老年人护理补贴制度是提升老年人生活品质的重要举措

基于护理难度大、护理需求高、担心发生意外出现赔偿等原因，安徽省养老机构大多不愿接收失能老年人，使其养老仍以居家养老为主。目前安徽省企业退休人员的月人均养老金水平在 1700 元左右，而失能老年人的平均月护理费用在 1000 元以上。安徽省越来越多的失能老年人家庭强烈感到，对失能老年人的护理任务重、难度大、费用高，靠家庭独自承担将越来越困难，急需国家援助。鉴于国家尚未建立护理保险制度，安徽省应参照高龄老年人和"三无"老年人专项补贴政策，加快建立失能老年人特别是低收入家庭失能老年人的护理补贴制度，化解这些家庭的养老负担，提升老年人生活品质。

二、省外建立失能老年人护理补贴制度的相关做法

贯彻国家"十二五"期间力推失能老年人护理补贴政策的要求，黑龙江、上海、陕西、福建、宁夏等省份尝试建立失能老年人护理补贴制度，在护理补贴的范围、标准和发放方式等方面形成一些值得借鉴的经验和做法。

（一）护理补贴范围

黑龙江发布的《关于建立贫困失能老年人护理补贴制度的通知》规定，凡具有黑龙江户籍且年龄在 60 周岁以上的城乡低保、低收入家庭失能和半失能老年人享受失能补贴。陕西西安规定，城乡低保对象中的失能老人、城镇"三无"对象中的失能老人、农村"五保"对象中的失能老人、优抚对象中的失能老人、高龄特困失能老人（家庭收入低于西安市低收入标准，且年龄在 80 岁以上）五类人员

可申请护理补贴。上海的 6 个试点街镇明确规定，达到 80 岁以上、居住在家或在养老机构，经过评估因为疾病、生理功能衰退而达到轻度、中度、重度护理需求等级或患有慢性疾病的独居老人，给予老年护理费用专项补贴。福建永安规定，凡具有永安市户籍且年龄在 60 周岁以上的城乡低保家庭失能和半失能老年人均可享受失能护理补贴（不含因重度精神残疾而丧失生活自理能力的老年人和"五保""三无"老年人）。宁夏银川在兴庆区的通西、通北两个村试点失能失智老年人护理补贴的政策。

（二）护理补贴标准

黑龙江的补贴标准为：低保家庭失能老年人每人每月 150 元，半失能老年人 100 元；低收入家庭失能老年人 100 元、半失能老年人 50 元；并根据当地经济社会发展和居民消费水平的变化适时调整。西安规定城乡低保对象、城镇"三无"对象、优抚对象中的失能老人和高龄特困失能老人每月可享受 100 元生活护理补贴，农村"五保"对象中的失能老人每月可享受 300 元生活护理补贴。在永安，低保家庭失能老年人每人每月补贴 150 元，半失能老年人每人每月补贴 100 元。在宁夏银川兴庆试点地区，老年人每人每月的护理补贴是 800 元。

（三）护理补贴发放方式

黑龙江对失能老年人的护理补贴采取按月社会化发放形式，具体发放办法由各地自行制定，如齐齐哈尔等地通过金融机构发放，西安对通过审核的特困失能老人集中发放现金。上海依托基本医保制度，对经评估因疾病或生理功能衰退达到护理需求等级的高龄老人，试行护理费用医保支付政策，医保支付80%，个人负担20%。在宁夏银川兴庆试点地区，政府将老年人每个月的护理补贴800元直接发给老年人的护理员。

三、实施失能老年人护理补贴工作面临的问题

目前，安徽省也在失能老年人护理补贴方面做出了积极探索。如蚌埠五河县对满足条件的60周岁以上贫困重度残疾人每月发放护理补贴50元；马鞍山花山区借助养老机构来进行护理残疾老年人；合肥依托全市范围内现有的敬老院、养老院等资源，对残疾等级为一级的重度残疾人开展集中托养服务，每人每月补贴800元。这些地区的实践主要是将失能老年人护理与残疾人护理、养老机构与残疾人托养机构有效结合。这些试点取得了良好效果，积累了一定经

验，但也存在不少问题和困难，与提升失能老年人晚年生活幸福度还存在很大距离，具体如下。

（一） 制度设计不够完善

从安徽省目前各地试点所反映出来的情况看，缺少省级层面的具体政策文件，尚未在安徽省范围内建立贫困失能老年人护理补贴制度。当前，各地自行摸索，缺少统一、规范的实施程序和办法，造成各地受惠的老年人范围、标准、发放方式等各不相同，不利于从制度层面进行总结和全面推广。

（二） 资金保障机制不够健全

从目前试点地区的情况来看，护理补贴的资金保障机制仍然不够完善。首先是资金保障力度不够。受自身经济社会发展水平制约，各地基于财政压力原因，护理补贴对象的范围和补贴标准的确定等，离"应补尽补"尚有较大差距。其次是资金来源渠道单一。在发放补贴的地方，补贴资金主要还是来源于财政资金，社会捐赠资金很少，以政府财政投入为主、广泛吸纳社会资金的多渠道资金投入机制尚未建立。

（三）补贴对象不够明确

《中华人民共和国老年人权益保障法》关于"对生活长期不能自理、经济困难的老年人，地方各级人民政府应当根据其失能程度等情况给予护理补贴"的要求，面向的对象是所有贫困失能老年人。但在试点地区的实际操作中，申请护理补贴的老年人必须具备"家庭贫困"条件，对于那些收入超过低保水平但日常护理费用远远超过收入的老年人，无法出具经济困难证明，也就无法申请到护理补贴。失能补贴多采取社会化发放形式并按月发放，但由于老年人家属不及时对新增补贴对象、户口迁移或死亡等情况进行登记，导致补贴对象不能及时更新。这些都在一定程度上对护理补贴发放工作和制度推广造成了一定阻碍。

（四）补贴标准低且测算困难

从试点地区来看，无论是对于失能老年人家庭还是对于基层政府，老年人的护理费用都是一笔较大且长期持续的开支，现有的护理补贴数额无疑是杯水车薪。另外，因老年人失能程度、家庭人员多少及结构不同，其护理形式和护理要求也不一样，因此，其所需的护理费用也各不相同，这在实际操作中，给护理补贴标准测算带来一定困难。有的试点地区在测算失能老年人补贴费用时，多从部门自身工作角度出发而简单划一，实施"一刀切"做法，很难根据老年人失能的不同程度及其实际需要进行测算，更没有结合地区贫困线、低保政策、最低工资标准等，制定出科学的补贴标准。

四、建立失能老年人护理补贴制度的对策建议

（一）进一步完善老年人护理补贴政策体系

建议出台《安徽省失能老年人护理补贴实施意见》，明确补贴政策的标准、范围、程序及监管措施等，形成推行失能老年人护理补贴的指导性文件。依据实施意见制定出具体的实施办法，同时建立申请审批制度和公示制度，保证护理补贴的公平性；建立资金筹集管理制度，保证护理补贴的稳定性；建立档案信息动态管理制度，确保每一个失能老年人护理补贴的发放都有据可查；建立督查通报制度，确保护理补贴的实施处于可控范围；完善老年人护理服务人才队伍建设制度，保证护理服务队伍的专业性和可持续性；健全部门协同服务机制，加强相关部门之间的协同合作。

（二） 建立以财政投入为主的资金保障机制

当前，失能老年人护理补贴资金可由省和市、县（区）三级财政承担，即通过财政预算或福利彩票公益金足额安排。各地根据本地失能老年人人数、补贴金额和负担比例，在财政预算中优先安排本级负担的失能老年人护理补贴资金。根据开展工作需要和财政承受能力，可适当安排专项推进工作经费。与此同时，鼓励和引导社会力量广泛参与，大力发展医养结合的护理院、康复院和临终关怀院等民办养老服务机构，充分发挥老年人福利基金会公益组织和企业爱心捐助等慈善事业的作用，共同促进失能老年人社会保障和服务体系的发展。

（三） 科学确定护理补贴标准和对象

可借鉴黑龙江、陕西等地区的实践经验，允许各市根据失能程度将失能老年人分类，结合本地贫困线、低保政策、最低工资标准、本地经济发展情况和财政收支状况等，因地制宜地制定科学的补贴标准和补贴对象范围，鼓励有条件的地区将补贴提高标准、扩大范围，避免"一刀切"做法。实施信息化管理，将民政、公安等部门的人口信息管理系统高效整合，做到实时明确护理补贴对象范围。另外，鼓励各地根据自身经济社会发展和居民消费水平的变化，及时对失能补贴标准和补贴对象范围进行调整。

（四） 因地制宜创新护理补贴发放模式

借鉴上海、黑龙江、陕西、宁夏等地试点经验，失能老年人的护理补贴形式可以因地制宜，实现多样化选择，充分尊重失能老年人意愿。护理补贴的发放可采用三种模式：一是现金发放模式。对于有家人照料、病情基本稳定且居家安养的失能老年人，护理补贴可通过一卡通将现金发放给失能老年人本人。二是消费券发放模式。对于自愿选择社区日间照料的，发放护理消费券，由失能老年人自由选择日托机构。三是补贴服务机构模式。对于那些无法确定赡养义务人或法定义务人无赡养能力的失能老年人，采取集中托养，护理补贴由政府直接发放至托养机构，以提高机构接收能力和接收积极性。上述三种补贴模式相辅相成、相得益彰，可以将有限的资金补贴与托养服务有机地结合起来，共同致力于提升失能老年人的生活品质。

（五） 循序渐进地完善护理补贴制度

鉴于财政资金使用效率及政策的可操作性，可先将贫困的重度失能老年人群体率先纳入补贴范围。根据安徽省财政收入的增长情况，逐步扩大补贴范围，提高补贴标准，力争让所有的失能老年人能充分享受到改革开放以来安徽省经济社会发展的成果。同时应该认识到，护理补贴制度仅是过渡性政策，应借鉴日本的护理保险制度和上海的做法，积极申请试点探索护理保险制度，通过立法规定护理保险应成为长期照料服务的基本筹资模式，将护理保险纳入强制性的社会保险范围，形成基础制度保障，减轻人口老龄化对社会发展和财政支出的负担。

课题组组长：凌宏彬

课题组成员：丁胡送　杨仕奎　黄佳豪

附录一　安徽省社会保障研究会二十周年大事记[①]（1992～2012 年）

1992 年，为探索建立作为社会主义市场经济体制重要支柱的社会保障制度，加强对安徽社会保障问题的研究和探讨，1992 年 8 月 31 日，经省社会科学界联合会资格审查，并经省民政厅同年 10 月 19 日批准同意，1992 年 11 月成立安徽省社会保障研究会（以下简称省研究会），主要发起人：汪涉云（省政府副省长）、侯玉琨（省民政厅厅长）、辛朝惠（省政府发展研究中心处长、副研究员）、严方才（省民政厅副处长）、欧阳传和（省劳动局社会保障局局长）。主要发起单位和负责人：省政府发展研究中心金文水主任、省民政厅侯玉琨厅长、省劳动局朱旗局长、省保险公司陈冬至总经理。

1992 年底至 1993 年初，省研究会、省政府发展研究中心会同省劳动厅、省民政厅、省保险公司、省总工会、省体改委等部门联合组成课题组，就我省城镇职工养老保险问

---

① 张南，辛朝惠，严方才. 现代化进程中的社会保障研究［M］. 合肥：安徽人民出版社，2013.

题开展研究，形成了五篇调研报告，其中《完善我省企业职工养老保险制度若干问题的建议》报省政府，龙念副省长作了"会同劳动局报省政府常务会议研究"的批示，从而为开拓我省企业职工养老保险的新局面奠定了一定的基础。此项课题研究报告获省决策咨询二等奖。

1993 年上半年，由研究会牵头，省政府发展研究中心、省民政厅联合组成课题组开展安徽省农村社会养老保险研究，形成了《加快建立我省农村社会养老保险制度的研究报告》，并作为 1993 年 5 月安徽省农村养老保险会议的交流文件，印发到会同志。

1993 年 8 月 9 日，研究会举行了第二次会长会议。会议决定由研究会牵头，会同有关部门立项研究《关于建立健全安徽省社会保障制度课题》，共设 11 个子课题。会议同时决定增聘省人大常委会副主任吴昌期、省政府常务副省长汪洋为名誉会长；增聘省民政厅厅长肖尚忠、省政府发展研究中心副主任张继忠、安徽农业大学教授省社科联副主席郭月争、安徽大学教授荣民泰等同志为研究会顾问。

1993 年 12 月，研究会召开了第二次年会暨学术研讨会，大会围绕如何"建立健全我省社会保障制度"课题进行研讨交流，收到研究论文 20 多篇。大会决定增补省人事局张勇副局长为副会长，增补理事、常务理事 23 人。

1993 年 12 月，由省政府发展研究中心、省社会保障研究会牵头，省劳动局、省民政厅、省寿险公司联合研究，完成了省政府常务副省长汪洋交办的《改革和完善我省社会保障管理体制的研究报告》，此研究报告为建立安徽省社会保障管理机构的框架奠定了基础。该研究报告获得 1994 年安徽省第三届社会科学优秀成果三等奖。

1994 年 8 月，省研究会与中国社会科学院《哲学动态》编辑部、黄山市委、安徽省社会科学院社会学所联合在黄山市召开了"中国的社会发展理论学术研讨会"。省研究会组织省政府发展研究中心、省劳动厅、省民政厅、省财政厅、省寿险公司等部门提交了 8 篇论文在会上进行了交流。其中《建立多层次的社会保障体系的探索》等论文分别在国家级刊物《哲学动态》《安徽日报》刊载，《哲学动态》《安徽日报》专门为研究会发表了综述。

1995 年 10 月，省研究会举行了第三次年会暨学术研讨会。会议邀请著名社会学家、中国社会学会会长、中国社科院社科所所长陆学艺教授到会并作了《在实现两个历史转变的条件下，做好城乡社会保障工作》的学术报告，并对省社会规划办下达的省级课题"如何建立和完善安徽城乡社会保障制度"进行了交流和研讨。

1994～1995 年，由省研究会牵头，联合省劳动局、省民政厅、省财政厅、省保险公司、省总工会、省政府发展研究中心等部门，完成了省社科规划办下达的《发展和完善安徽城乡社会保障体系》省级课题研究。形成了总课题研究报告和 6 项子课题研究报告。著名社会学家、中国社会学会会长陆学艺教授、省人大副主任吴昌期都给予较高评价。该报告获 1996 年安徽省社会科学优秀成果三等奖。

1996年6月，由研究会牵头，省直9个部门组团对新加坡的社会保障和养老公积金运作体系进行了为期10天的考察。回国后向省政府提交了《关于新加坡社会保障体系考察报告》。

1997年3月20日，研究会召开会长及部分厅局常务理事、秘书处全体成员会议。对研究会当年的研究任务进行安排。决定将省社科联下达的《体制转换时期可操作的社会保障体制研究》作为年度重点课题，并决定1998年上半年召开第四届年会暨学术研讨会。届时将协商换届问题，交流课题研究成果。

1998年4月，完成了黄岳忠副省长交办的"关于对安徽省优化资本结构试点城市再就业工程和再就业服务中心实施情况调研"的课题研究任务。4月21日安徽日报和新华社5月的《领导决策参考》第36期以"构建再就业工程良性循环运行机制"为题全文刊用。

1998年6月，完成了省社科联立项下达的《体制转换时期可操作的社会保障体制研究》的省级课题研究，最终形成了一份总课题报告和一份子课题报告。

1999年8月，为适应研究会工作需要，经部门推荐，并报省委组织部批准，省财政厅副厅长陈先森、省民政厅副厅长严方才任研究会副会长。

1999年11月，省研究会举行了第四次年会暨学术研讨会。就当前我国改革和发展的关键时期建立和完善社会保障制度过程中出现的新情况、新问题及对策进行了研讨。中国社会学会会长陆学艺教授作了"新阶段、新形势和新任务"的报告。省劳动保障厅副厅长孙广福就安徽企业职责社会保险工作情况作了报告。

2000 年，由省政府发展研究中心、省研究会牵头，会同省民政厅、省财政厅、省慈善协会、省社科院社会学所等部门联合组成课题组，立项对安徽省慈善事业的运行机制和发展对策进行研究。研究报告得到中华慈善总会阎明复会长和社会保障专家郑功成的肯定和好评。中央电视台《东方时空》栏目对此项课题研究作了专题报道，国家级刊物《中国民政》选登了研究报告。该项研究报告获 1998 ~ 2000 年安徽省社会科学优秀成果三等奖和 2001 年华东地区六省一市社会学研究优秀成果二等奖，并被中华慈善总会编入了 2001 年中华慈善年鉴，对外交流。

2001 年 6 月，研究会随同省社科界学术交流团赴澳门，对澳门明爱总署开展社会福利和社会救助情况进行了考察和学习，形成了《建立对弱势群体的社会支持和社会救助网络是社会稳定的需要——关于对澳门明爱总署开展社会福利和社会救助情况的考察报告》，在《民政导刊》2001 年第 5 期刊登。

2001 年至 2002 年，省政府发展研究中心、省研究会联合省民政厅、省劳动保障厅、省老龄委等部门组成课题组，对安徽省社区养老事业进行研究，并对省内和山东、青岛养老事业进行考察，形成了《安徽社区养老事业研究》，刊登于《研究与咨询》2001 年第 9 期。

2001 年 11 月，省研究会组织省直有关部门和地市社会保障部门的负责人和研究骨干，赴澳大利亚考察社会养老保险体制及保险基金的运营管理情况，形成了《关于澳大利亚的保险体系的考察报告》，报省政府和有关部门。

2002 年 11 月 5 日，省研究会召开了第三届理事会暨学术研讨会，大会选举了第三届理事会及其领导机构。聘请吴昌期、汪涉云、季昆森为名誉会长，侯玉琨、余焰炉、孙广福、汪建国、丁四金、戴培昆、张勇、牛和桂、梁鸿猷、朱德起为顾问。选举金文水为会长，朱旗、陈先森、管向东、黄桂兰、崔可英、马胜杰、张纯和、严方才、辛朝惠为副会长（兼任秘书长）。会议还邀请了全国政协常委、民进中央副主席、著名社会学家邓伟志先生作了题为"社会保障与社会发展"的专题学术报告。

2002 年，省研究会与省财政厅联合完成了省社科联下达的"关注社会弱势群体，积极扩大社区就业"的省级研究课题。研究报告得到专家们的高度评价。该报告刊登在《决策与咨询》2002 年第 11 期，并荣获省社科联 2002 年度优秀成果奖。

2001～2002 年，省研究会协调省政府发展研究中心、省民政厅、省财政厅、省卫生厅等部门研究人员研究并形成了《安徽省社区养老服务现状及对策建议》《安徽省社区卫生服务现状及对策建议》和《合肥市医疗保险制度改革调研报告》，这些报告在《研究与咨询》刊登。

2003 年，省研究会完成了省委宣传部下达的"安徽社会分层"的研究课题中"关于城市低收入群体"子课题研究任务。研究报告刊登于《研究与咨询》2003 年第 10 期和 2003 年度《安徽蓝皮书——社会发展热点》一书中。

2003 年，省研究会配合省政府研究室完成了省政府副省长徐立全交办的"安徽社区管理体制改革研究"课题，10 月份形成了《安徽社区管理体制改革研究报告》。徐立全副省长批示"这篇报告我认为是上乘之作。进一步修改后送太华书记、金山省长阅。可作为全省社区会议参阅资料印发"。该报告在 2003 年 10 月召开的全省社区工作会议上作为会议参阅资料印发到会同志。该报告获得省社科联 2003 年度优秀成果奖。

2004 年 5 月至 2005 年 3 月，完成了国家课题"扩大中等收入者比重研究"子课题关于"安徽省扩大中等收入者比重研究"的研究任务，并形成了专题研究报告。《安徽日报》《新安晚报》分别于 2005 年 4 月 1 日和 4 月 28 日对课题研究成果作了专题报道。研究报告被国家社科文献出版社收入《中国中等收入者研究》一书中。

2004 年 11 月，省研究会与省社科院、省政府研究室联合召开了"扩大中等收入者比重，构建现代和谐社会"学术研讨会。与会者围绕中等收入者标准的界定和现代社会结构，如何构建和谐社会等问题进行了专题讨论。《安徽日报》《光明日报》《中国社会科学院院报》和人民网对理论研讨会作了专题报道和详细评价。

2005 年 10 月，完成了省社科联立项省级课题"扩大安徽农村中等收入者比重"的研究任务。报告刊登于《江淮论坛》2004～2005 年安徽社会发展研究专刊。

2005 年 10 月，经单位推荐，省委组织部批准省政府研究室副主任张南兼任研究会副会长。10 月 29 日，研究会在合肥召开了第六次年会暨学术研讨会。大会选举增补省政府研究室副主任张南为副会长；聘请省老龄办专职副主任侯世标为顾问；增补理事、常务理事 18 人。原省人大常委会副主任、省研究会名誉会长吴昌期到会讲话，省相关部门领导、研究人员 90 余人参加了会议。会议还邀请国家行政学院社会保障研究专家龚维斌教授作专题学术报告。

2005 年 5 月至 9 月，完成了国际合作课题"农村留守儿童社区保护和城市融入研究"。通过几个月的个案访谈，同年 8 月形成了课题研究报告，并于 9 月中旬召开了专家论证会。专家们认为课题研究对农村"空巢儿童"的健康成长及融入城市社区，都具有较强的现实主义，是各级政府和社会各界值得关注的社会问题。

2006 年 3 月 18 日，研究会与省政府研究室在合肥联合召开了"进一步完善安徽省社会救助体系"研讨会。省政府分管副省长出席会议并作重要讲话，会议特邀澳门明爱总署总干事、社工学院院长、安徽省慈善事业发展研究中心名誉董事长潘志明先生到会，介绍澳门社会养老、社会救助和社工人才培养经验、做法。出席会议领导、专家、学者80 余人。

2006 年 4 月至 10 月，完成了安徽省"空巢老人"现状调查和对策研究课题。该课题由省研究会和省老龄办牵头，省政府研究室、省民政厅、省财政厅、省社科院等部门有关人员组成课题组，采取随机抽样的方式，对合肥、蚌埠、阜阳、宣城等地的"空巢老人"进行问卷调查，形成调研报告。12月5日召开了论证会，专家们一致认为此课题选题和相应的对策建议对于构建和谐安徽具有重要的现实意义。《安徽日报》对课题研究成果作了专题报道。国家级刊物《中国老年》分四期连载了本课题的研究报告，社会反响强烈。报告的主要内容及观点，被新华社第1058期《国内动态清样》专题转发，省领导王金山、赵树丛、朱维芳、刘光复等，都作了重要批示。

2007年6月3日，省研究会召开了第七次年会暨学术研讨会。会议回顾和总结了2005～2006年的工作，并对2007～2008年的主要工作和研究任务进行了总体部署。会议还邀请著名社会学家、中国社会学会秘书长、社会科学文献出版社社长谢寿光教授作了题为"社会保障理想模式：国家、市场、公民社会三方互动"的学术报告。省直单位领导、专家、学者以及有关市的研究人员80余人参加了会议。大会聘请省人大常委会副主任朱维芳为名誉会长，聘请省民政厅副厅长周苏为顾问，增补理事、常务理事13人。

2007年，研究会和省残联合作开展了"安徽农村残疾人就业对策研究"课题的调查研究，形成了研究报告，《咨政》和《安徽日报》刊登后，新华社等有关部门作了报道，省领导朱维芳、高福明、卢家丰作了重要批示，研究报告获

2007年中国残联优秀论文三等奖和省残联优秀论文一等奖。

2008年2月16日，省研究会召开了三届四次会长会议，会长金文水、副会长张南、张纯和、马胜杰、黄桂兰、严方才、辛朝惠等出席会议。会议部署了研究任务，通过了召开四届理事会及其领导机构候选人的提名。

2008年5月，研究会完成了国家课题"中国百村经济社会调查"子课题"安徽省霍山县落儿岭村养老保障研究"的课题研究任务。研究报告被收入社科文献出版社出版的《大别山口的美丽家园》一书中。

2008年，省研究会与省老龄办合作完成了民政部委托课题"安徽省城镇社会化养老服务现状与对策研究"。安徽《咨政》2008年10月全文刊登了研究报告，省人大常委会副主任朱维芳对报告作了重要批示。

2008年10月26日，省研究会召开了第四届理事会暨学术研讨会。有关部门专家、学者90余人参加了会议。会议选举产生了第四届理事会及其领导机构。会议聘请吴昌期、朱维芳为名誉会长；聘请余焰炉、汪建国、程必定、朱宏伟、戴培昆、周苏、牛和桂、侯世标、黄桂兰、梁鸿猷（至2010年）、朱德起为顾问。大会选举金文水为会长，选举张南、张纯和、黄然（至2010年12月）、马胜杰、严方才、辛朝惠为副会长（兼秘书长）。会议邀请了著名社会学家、中国社会学会名誉会长、中国农村社会学会会长陆学艺教授做了专题学术报告。

2009年3月5日至14日，由研究会组织相关部门负责人和研究人员 9 人赴台开展了社会保障专题考察，并与台湾有关单位开展了相应的交流活动。所撰写的考察报告报到省台办，受到充分肯定。

2009 年 12 月，省研究会和省老龄办牵头，省政府发展研究中心、省民政厅、省财政厅、省社科院等有关部门研究人员参加，完成了"安徽省民办养老机构发展对策"的课题研究任务。研究报告于 2009 年 12 月 26 日通过有关领导、专家论证。《中国老年》2010 年 3、4 期全文刊出。

2010 年元月 23 日，省研究会召开四届二次会长会议，通过了增补常务理事、理事和副秘书长的提名。会长金文水、副会长张南、张纯和、马胜杰、严方才、辛朝惠，研究会顾问戴培昆、侯世标、黄桂兰出席会议。会议部署了研究任务。

2010 年 5 月 16 日，省研究会召开第八次年会暨学术研讨会，会议增补了一批理事、常务理事及副秘书长。会议还邀请了中央党校向春玲教授作"城乡一体化医疗保障制度研究"学术报告。有关部门专家、学者和部门领导 80 余人参加会议。

2010 年，省研究会参与的省社科院课题组调研和编制的《不一样的童年》音像制品专题片，获得了 2010 年 10 月全国第三届中华优秀出版物音像提名奖。

2011 年 2 月 14 日，省研究会召开四届三次会长会议，副会长张南、张纯和、马胜杰、严方才、辛朝惠，顾问戴培昆、程必定、牛和桂、侯世标、黄桂兰出席会议。会议部署了研究任务。会议通过增聘盛志刚、张扬、刘建华为研究会顾问，通过增补理事、常务理事提名。

2011 年 5 月至 12 月，由研究会、省老龄办、省政府发展研究中心牵头，联合省民政厅、省财政厅、省社科院、省建工学院有关部门研究人员组织了"安徽省农村养老服务问题及对策"研究课题组，对省内外相关各地进行了考察、调研，形成了课题研究报告，并于 12 月 20 日召开了课题论证会。研究成果受到了与会领导及专家的高度评价。省政府发展研究中心 2011 年 12 月 23 日《研究与咨询》全文刊登了研究报告，此研究报告为社会科学文献出版社出版的《民生时代的中国乡村社会》一书收录。

2012 年 1 月 9 日，省研究会召开四届四次会长会议，副会长张南、张纯和、马胜杰、严方才、辛朝惠，顾问戴培昆、侯世标、黄桂兰出席会议。部署了研究任务；通过了增补理事、常务理事、副秘书长的提名。

2012 年，研究会组织有关研究人员开展国家课题"中国百村经济社会调查——凤台县钱庙村社会调查"研究，3 月下旬研究会组织课题人员赴钱庙村进行了调查研究，并于 7 月份完成了"钱庙村理事会社会管理功能分析"课题报告。

附录二 安徽省社会保障研究会主要发起人、发起单位

一、主要发起人①

汪涉云（省政府副省长）、侯玉琨（省民政厅厅长）、辛朝惠（省政府发展研究中心处长副研究员）、严方才（省民政厅副处长）、欧阳传和（省劳动局社会保障局局长）。

二、主要发起单位

省政府发展研究中心、省民政厅、省劳动局、省保险公司。

---

① 《安徽省社会保障研究会》成立时间是 1992 年，下面发起人的职务都是当时的任职情况。

附录三 安徽省社会保障研究会历届理事会（1992～2023 年）

一、安徽省社会保障研究会第一届理事会 (1992 年 11 月～1999 年 11 月)

名誉会长：吴昌期　汪涉云

顾　　问：陈复东　肖尚忠　张继忠　郭月争
　　　　　辛秋水　荣民泰　梁鸿猷　朱德起

会　　长：侯玉琨

副 会 长：朱　旗　吴泰康　陈冬至　邢家范
　　　　　刘开明　赵正永　季昆森　黄桂兰
　　　　　余焰炉　崔可英　朱安昌　辛朝惠

秘 书 长：辛朝惠

副秘书长：严方才　陈儒江　高　文　涂东平
　　　　　陈益年　黄　刚　侯宇虹　朱国宾
　　　　　解亚平　王　刚

二、安徽省社会保障研究会第二届理事会（1999 年 11 月～2002 年 11 月）

名誉会长：吴昌期　汪涉云
顾　　问：金文水　陈冬至　肖尚忠　余焰炉
　　　　　孙广福　张　勇　邢家范　梁鸿猷
　　　　　朱德起
会　　长：侯玉琨
副 会 长：朱　旗　陈先森　严方才　管向东
　　　　　张　勇　崔可英　黄桂兰　辛朝惠
秘 书 长：辛朝惠
副秘书长：陈儒江　陈益年　高　文　涂冬平
　　　　　黄　刚　解亚平　朱国宾　侯宇虹
　　　　　王　刚　陈秀芹

三、安徽省社会保障研究会第三届理事会（2002 年 11 月～2008 年 10 月）

名誉会长：吴昌期　朱维芳
顾　　问：余焰炉　侯玉琨　孙广福　赵　猛
　　　　　汪建国　丁四金　张　勇　戴培昆
　　　　　牛和桂　周　苏　侯世标　梁鸿猷
　　　　　朱德起

会　　长：金文水

副 会 长：朱　旗（至 2005 年 5 月）　陈先森

　　　　　张　南　黄　然　张纯和　管向东

　　　　　崔可英　马胜杰　黄桂兰　严方才

　　　　　辛朝惠

秘 书 长：辛朝惠

副秘书长：陈益年　涂冬平　解亚平　朱国宾

　　　　　程秀芹　高　文　侯宇虹　王　刚

　　　　　张　德　陈干全　凌宏彬　何宏葆

　　　　　殷民娥

四、安徽省社会保障研究会第四届理事会 (2008 年 10 月～2014 年 1 月)

名誉会长：吴昌期　朱维芳

顾　　问：余焰炉　侯玉琨　程必定　朱宏伟

　　　　　戴培昆　周　苏　牛和桂　侯世标

　　　　　黄桂兰　张　扬　刘建华　朱德起

会　　长：金文水

副 会 长：张　南　张纯和　黄　然（至 2010 年 12 月）

　　　　　吴天宏　马胜杰　严方才　辛朝惠

秘 书 长：辛朝惠

副秘书长：陈益年　涂冬平　解亚平　高　文

　　　　　侯宇虹　王　刚　张　德　何宏葆

陈干全　凌宏彬　段贤来　许　勇

张　平　殷民娥　黄佳豪　何敬群

五、安徽省社会保障研究会第五届理事会（2014 年 1 月～2022 年 8 月）

会　　　长：张　南

副 会 长：李　红　黄　刚　程剑秋

秘 书 长：张　德

常务秘书长：丁胡送

副 秘 书 长：凌宏彬　陈干全　殷民娥　何宏葆

刘海峰　樊春云　黄佳豪　俞　疏

何敬群

六、安徽省社会保障研究会第六届理事会（2022 年 8 月至今）

会　　　长：秦立建

副 会 长：程剑秋　张　德　操晓峰

秘 书 长：丁胡送

副 秘 书 长：张乐乐　何小雨　常　彩　周湘艳

陈干全　凌宏彬　段贤来　许　勇

张　平　殷民娥　黄佳豪　何敬群